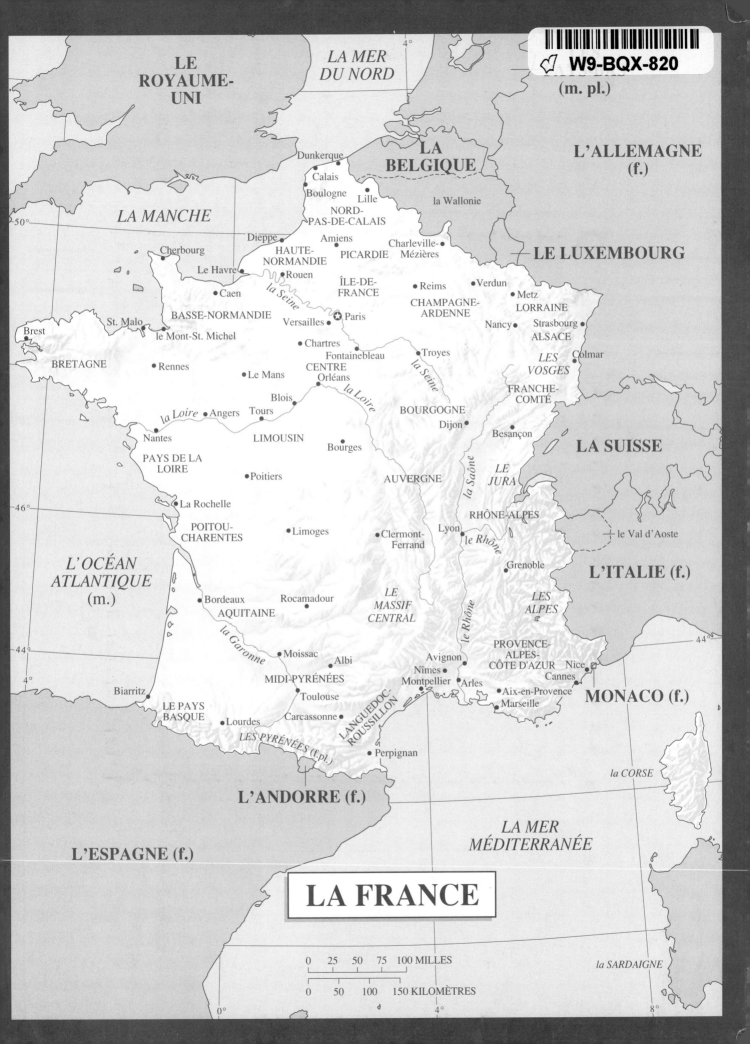

LE ROYAUME-UNI

LA MER DU NORD

(m. pl.)

L'ALLEMAGNE (f.)

LA BELGIQUE

LA MANCHE

Dunkerque

Calais

Boulogne
Lille

la Wallonie

NORD-PAS-DE-CALAIS

LE LUXEMBOURG

Dieppe
Amiens

Charleville-Mézières

Cherbourg

HAUTE-NORMANDIE

PICARDIE

Le Havre
Rouen

ÎLE-DE-FRANCE

Reims
Verdun

Metz

Caen

la Seine

CHAMPAGNE-ARDENNE

LORRAINE

Nancy
Strasbourg
ALSACE

St. Malo

BASSE-NORMANDIE

Versailles
Paris

Brest

le Mont-St. Michel

Chartres

la Seine

Troyes

LES VOSGES
Colmar

BRETAGNE

Rennes

Fontainebleau

CENTRE

FRANCHE-COMTÉ

Le Mans
Orléans

la Loire

Blois

BOURGOGNE

la Loire

Angers
Tours

Dijon

Besançon

LA SUISSE

Nantes

LIMOUSIN

Bourges

PAYS DE LA LOIRE

la Saône

LE JURA

Poitiers

AUVERGNE

RHÔNE-ALPES

La Rochelle

Lyon

le Rhône

le Val d'Aoste

POITOU-CHARENTES

Limoges

Clermont-Ferrand

L'ITALIE (f.)

L'OCÉAN ATLANTIQUE (m.)

Grenoble

LE MASSIF CENTRAL

LES ALPES

Bordeaux
Rocamadour

AQUITAINE

le Rhône

PROVENCE-ALPES-CÔTE D'AZUR

Nice

la Garonne

Avignon

Cannes

Moissac

Albi

Nîmes
Montpellier
Arles

Aix-en-Provence
Marseille

MONACO (f.)

Biarritz

MIDI-PYRÉNÉES

Toulouse

LE PAYS BASQUE

Carcassonne

LANGUEDOC-ROUSSILLON

Lourdes

LES PYRÉNÉES (f.pl.)

Perpignan

la CORSE

L'ANDORRE (f.)

LA MER MÉDITERRANÉE

L'ESPAGNE (f.)

LA FRANCE

la SARDAIGNE

0   25   50   75   100 MILLES

0   50   100   150 KILOMÈTRES

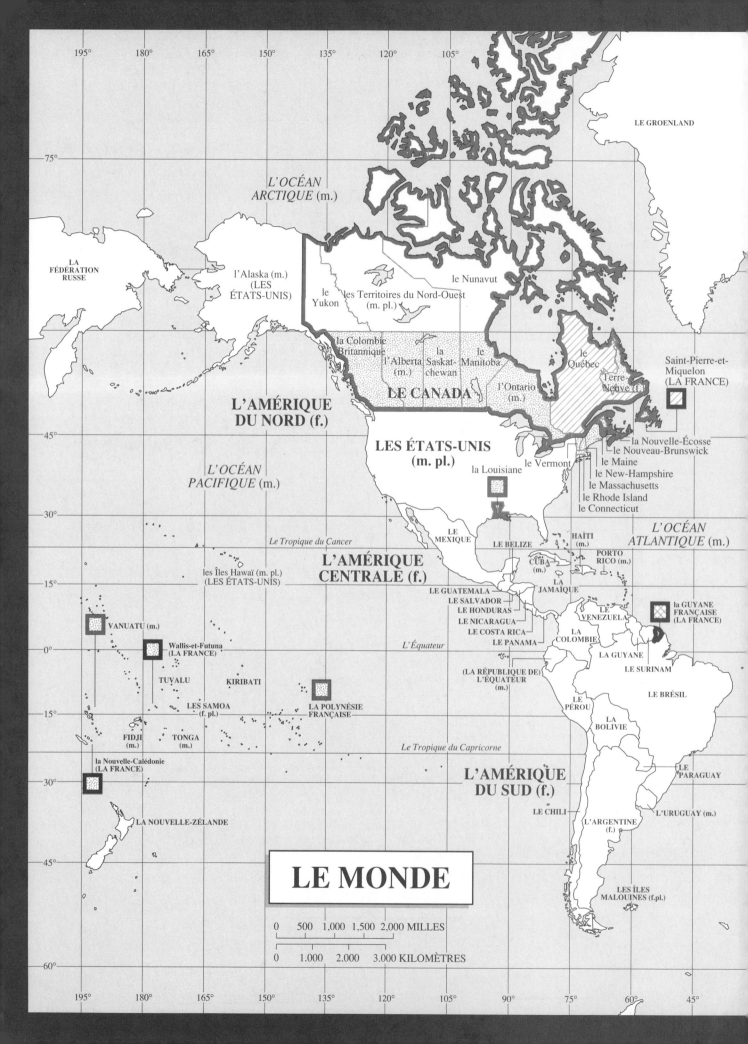

L'EUROPE

Langues maternelles

▨ Le français langue maternelle majoritaire

▧ Le français langue maternelle d'une
minorité importante

Langues officielles

▣ Le français est la seule langue officielle

▣ Le français est une des langues
officielles du pays ou de l'état

☐ Le français est la langue de
culture ou des affaires pour
une partie importante de la
population

Cercle Arctique

10°

60°

LA MER BALTIQUE

LA FINLANDE

LA SUÈDE

LA NORVÈGE

LE DANEMARK

L'ESTONIE
(f.)

LA FÉDÉRATION
RUSSE

LA LETTONIE

LA LITUANIE

LA BIÉLORUSSIE

LA MER DU NORD

50°

L'IRLANDE
(f.)

LE ROYAUME-UNI

LES PAYS-BAS
(m. pl.)

L'ALLEMAGNE
(f.)

LA FÉDÉRATION
RUSSE

LA POLOGNE

L'UKRAINE
(f.)

Bruxelles

LA BELGIQUE

la Wallonie

Paris

LE LUXEMBOURG

LA RÉPUBLIQUE
TCHÈQUE

LA MOLDAVIE

LA SLOVAQUIE

L'AUTRICHE
(f.)

LA HONGRIE

L'OCÉAN
ATLANTIQUE
(m.)

LA FRANCE

Berne

Genève

LA SUISSE

le Val d'Aoste

LA SLOVÉNIE

LA CROATIE

LA ROUMANIE

LA BOSNIE-
HERZÉGOVINE

LA YOUGOSLAVIE

LA BULGARIE

Monté Carlo

L'ANDORRE
(f.)

MONACO
(f.)

la CORSE

L'ITALIE
(f.)

LA MACÉDOINE

L'ALBANIE
(f.)

LA TURQUIE

L'ESPAGNE
(f.)

la SARDAIGNE

LA GRÈCE

LA MER MÉDITERRANÉE

la SICILE

20°

0   25 50 75 100 MILLES

0   50   100 150 KILOMÈTRES

LA CHYPRE

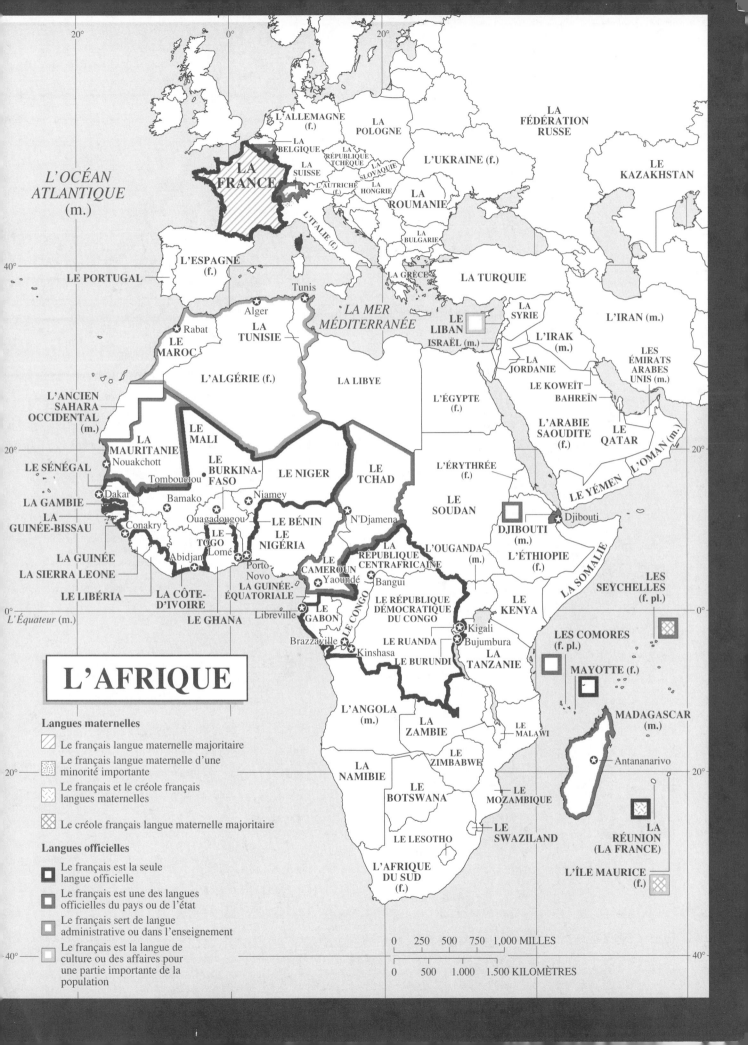

L'OCÉAN
ATLANTIQUE
(m.)

L'ALLEMAGNE (f.)
LA POLOGNE
LA FÉDÉRATION RUSSE
LA BELGIQUE
LA RÉPUBLIQUE TCHÈQUE
LA SLOVAQUIE
LA SUISSE
L'AUTRICHE (f.)
LA HONGRIE
L'UKRAINE (f.)
LE KAZAKHSTAN
LA FRANCE
LA ROUMANIE
L'ITALIE (f.)
LA BULGARIE
LE PORTUGAL
L'ESPAGNE (f.)
LA GRÈCE
LA TURQUIE
LA MER MÉDITERRANÉE
LA SYRIE
L'IRAN (m.)
LE LIBAN
ISRAËL (m.)
L'IRAK (m.)
LES ÉMIRATS ARABES UNIS (m.)
LA JORDANIE
LE KOWEÏT
BAHREÏN
Tunis
Alger
LA TUNISIE
Rabat
LE MAROC
L'ALGÉRIE (f.)
LA LIBYE
L'ÉGYPTE (f.)
L'ARABIE SAOUDITE (f.)
LE QATAR
L'OMAN (m.)
L'ANCIEN SAHARA OCCIDENTAL (m.)
LA MAURITANIE
LE MALI
LE SÉNÉGAL
Nouakchott
LE BURKINA-FASO
LE NIGER
LE TCHAD
L'ÉRYTHRÉE (f.)
LE YÉMEN
Tombouctou
Bamako
Niamey
LE SOUDAN
LA GAMBIE
Dakar
Ouagadougou
N'Djamena
Djibouti
LA GUINÉE-BISSAU
Conakry
LE BÉNIN
LE NIGÉRIA
L'OUGANDA (m.)
DJIBOUTI (m.)
LE TOGO
LA RÉPUBLIQUE CENTRAFRICAINE
L'ÉTHIOPIE (f.)
LA GUINÉE
Abidjan
Lomé
LE CAMEROUN
LA SIERRA LEONE
Porto-Novo
Yaoundé
LES SEYCHELLES (f. pl.)
LE LIBÉRIA
LA CÔTE-D'IVOIRE
LA GUINÉE-ÉQUATORIALE
Bangui
LE KENYA
LA SOMALIE
L'Équateur (m.)
LE GHANA
Libreville
LE GABON
LE CONGO
LE RÉPUBLIQUE DÉMOCRATIQUE DU CONGO
Kigali
LES COMORES (f. pl.)
Brazzaville
Kinshasa
LE RUANDA
Bujumbura
MAYOTTE (f.)
LE BURUNDI
LA TANZANIE
MADAGASCAR (m.)
L'ANGOLA (m.)
LA ZAMBIE
Antananarivo
LE MALAWI
LE ZIMBABWE
LA RÉUNION (LA FRANCE)
LA NAMIBIE
LE BOTSWANA
LE MOZAMBIQUE
L'ÎLE MAURICE (f.)
LE SWAZILAND
LE LESOTHO
L'AFRIQUE DU SUD (f.)

L'AFRIQUE

Langues maternelles

Le français langue maternelle majoritaire

Le français langue maternelle d'une minorité importante

Le français et le créole français langues maternelles

Le créole français langue maternelle majoritaire

Langues officielles

Le français est la seule langue officielle

Le français est une des langues officielles du pays ou de l'état

Le français sert de langue administrative ou dans l'enseignement

Le français est la langue de culture ou des affaires pour une partie importante de la population

0   250   500   750   1,000 MILLES

0   500   1.000   1.500 KILOMÈTRES

L'AMÉRIQUE DU NORD

LE GROENLAND

L'OCÉAN ARCTIQUE (m.)

l'Alaska (m.)
(LES ÉTATS-UNIS)

le Yukon

les Territoires
du Nord-Ouest (m. pl.)

le Nunavut

60°

la Colombie
Britannique

l'Alberta
(m.)

la
Saskat-
chewan

le
Manitoba

LE CANADA

l'Ontario (m.)

le Québec

Terre-
Neuve (f.)

Saint-Pierre-
et-Miquelon
(LA FRANCE)

Québec

Montréal

Ottawa

l'Île du Prince-Édouard
la Nouvelle-Écosse (f.)
le Nouveau-Brunswick
le Maine
le New Hampshire
le Massachusetts
le Rhode Island
le Connecticut

Langues maternelles

Le français langue
maternelle majoritaire

Le français langue maternelle d'une
minorité importante

Le français et le créole français
langues maternelles

Le créole français langue maternelle
majoritaire

Langues officielles

Le français est la seule
langue officielle

Le français est une des langues
officielles du pays ou de l'état

Le français sert de langue
administrative ou dans l'enseignement

LES ÉTATS-UNIS
(m. pl.)

le Vermont

40°

40°

la Louisiane

*L'OCÉAN
ATLANTIQUE* (m.)

GOLFE DU
MEXIQUE

LE
MEXIQUE

LE BELIZE

CUBA
(m.)

LA
JAMAÏQUE

LES CARAÏBES
(m. pl.)

HAÏTI
(m.)

LA GUYANE
FRANÇAISE
(LA FRANCE)

20°

les Îles Hawaï (m. pl.)
(LES ÉTATS-UNIS)

L'AMÉRIQUE
CENTRALE (f.)

20°

L'OCÉAN PACIFIQUE (m.)

LE GUATEMALA
LE SALVADOR
LE HONDURAS
LE NICARAGUA
LE COSTA RICA
LE PANAMA

LE
VENEZUELA

LA
COLOMBIE

LA GUYANE

LE SURINAM

CUBA
(m.)

LA RÉPUBLIQUE
DOMINICAINE

LES CARAÏBES (m.pl.)

la Guadeloupe
(LA FRANCE)

L'Équateur (m.)

(LA RÉPUBLIQUE DE)
L'ÉQUATEUR
(m.)

Cayenne

0°

0°

HAÏTI
(m.)

Port-au-
Prince

PORTO
RICO (m.)

Pointe-à-
Pitre

LA MER DES CARAÏBES

LA DOMINIQUE (f.)

LE
PÉROU

LE BRÉSIL

15°

MILLES

0   300

la Martinique
(LA FRANCE)

15°
Fort-
de-
France

L'AMÉRIQUE
DU SUD (f.)

LA
BOLIVIE

0   450

KILOMÈTRES

SAINTE LUCIE (f.)

20°

75°

65°

60°

À 45°
LATITUDE

0 200 400 600 800 MILLES

LE PARAGUAY

LE
CHILI

160°

140°

120°

100°

0   400   800   1.200 KILOMÈTRES

80°

L'ARGENTINE
(f.)

L'URUGUAY (m.)

ENTRETIENS

Cours de conversation

Deuxième édition

ENTRETIENS
Cours de conversation
Deuxième édition

H. JAY SISKIN

CABRILLO COLLEGE

CHERYL KRUEGER

UNIVERSITY OF VIRGINIA

HEINLE
CENGAGE Learning™

Australia • Brazil • Japan • Korea • Mexico • Singapore • Spain • United Kingdom • United States

HEINLE
CENGAGE Learning™

Entretiens: Cours de conversation, Deuxième édition
H. Jay Siskin and Cheryl Krueger

Publisher: Phyllis Dobbins

Acquisitions Editor: Jeff Gilbreath

Market Strategist: Kenneth S. Kasee

Developmental Editor: Nancy Geilen

Project Editor: Laura Therese Miley

Art Director: Brian Salisbury

Production Manager: Linda McMillan

Cover credit: Courtesy of Photodisc ©.

For product information and technology assistance, contact us at:
Cengage Learning Customer & Sales Support, 1-800-354-9706

For permission to use material from this text or product,
submit all requests online at **www.cengage.com/permissions**
Further permissions questions can be emailed to
permissionrequest@cengage.com

Library of Congress Control Number: 00-2490

ISBN-13: 978-0-030-29046-6
ISBN-10: 0-030-29046-5

Heinle
25 Thomson Place
Boston, MA 02210
USA

Cengage Learning is a leading provider of customized learning solutions with office locations around the globe, including Singapore, the United Kingdom, Australia, Mexico, Brazil, and Japan. Locate your local office at:
international.cengage.com/region

Cengage Learning products are represented in Canada by Nelson Education, Ltd.

For your course and learning solutions, visit **academic.cengage.com**

Purchase any of our products at your local college store or at our preferred online store **www.ichapters.com**

Printed in the United States of America
6 7 8 9 10 11 12 11 10 09 08

PREFACE

Entretiens is an oral skills textbook intended for students at the intermediate high through advanced-plus levels of proficiency. In creating this textbook, the authors have sought to

- provide learners with stimuli for oral production; these stimuli take the form of interactive texts, such as self-tests, trivia quizzes, surveys, texts, realia, and so forth.
- provide tools for conversational management, that is to say, speech acts that enable students to initiate and terminate discourse, change topics, engage in turn-taking, and so on.
- give students the opportunity for face-to-face conversations through role-playing.
- enrich students' vocabulary through structured and meaningful practice.
- develop students' knowledge of content areas through readings and realia.
- improve students' aural comprehension skills.

These goals are realized through a chapter organization that consists of four *étapes*. The structure and content of each *étape* is described below.

Entretien

The goal of this *étape* is to provide students with listening practice. In this section, native speakers answer questions that students are asked to consider later in the chapter. This input activates knowledge of both language and content, thereby serving as an advance organizer for the content of the chapter. As they listen to the CD, students are asked to take notes, record vocabulary items, classify expressions into categories, describe how a particular speech act was realized verbally, etc. This material is recorded on a student listening CD that accompanies the textbook. The script is provided for instructors in the *Instructor's Resource Manual*.

Etape I

This section begins with a *Lexique* that furnishes students with a lexical base for the ensuing activities. Another type of vocabulary presentation occurs in the section entitled *Outils*. This is a grouping of speech acts intended for conversational management or expressing a particular linguistic function such as narrating or hypothesizing. At least one and usually several *Outils* sections are presented in each chapter.

The items in the *Lexique* and *Outils* sections are practiced in *Les mots pour le dire*, structured and sequenced vocabulary practice that progresses from one-word or short answers to full sentences and connected discourse. Students are asked to personalize their vocabulary by adding items to their *Lexique personnel*, found at the end of each chapter.

The section entitled *Testez-vous* contains a self-test, a quiz, a survey, or some other activity that provides interactive language practice and encourages students to explore their knowledge of a topic. Since these activities are often personalized, students become involved with the themes of the chapter and are given the opportunity to talk about themselves and their experiences.

This *étape* finishes with a role-play, debate, or other group activity called *A vous la parole*.

Etape 2

This section follows for the most part the format of the preceding *étape,* except for the section *Testez-vous,* which does not occur. The goal of this *étape* is to further develop the theme of the chapter through additional vocabulary acquisition activities and role-plays.

Etape 3

The fourth division of the chapter is based on a text or a piece of realia, which is preceded by prereading activities and advance organizers in the form of a *Lexique* and questions (*Avant de discuter*). Postreading and oral production activities (*Discussion/Activités*) conclude this section. These activities vary in format—paired interviews or role-plays, small group activities, or class discussion.

The textbook is accompanied by an *Instructor's Resource Manual* containing tapescripts, suggestions for implementing activities, answers to the self-quizzes, cultural notes, and sample testing formats.

ACKNOWLEDGMENTS

We would like to thank our Publisher, Phyllis Dobbins, for her interest and support of our project. We also thank the staff at Harcourt College Publishers: Jeff Gilbreath, acquisitions editor, Linda McMillan, production manager, Laura Miley, project editor, and Brian Salisbury, art director. Our sincere thanks to our senior developmental editor, Nancy Geilen, a constant source of support and guidance, and to Jacques and Marguerite Pain and Anne Flúrchinger for their helpful linguistic and cultural comments. We would like to express our gratitude to a number of people for their help in locating and developing materials: Professors Julie A. Storme, Barbara K. Altmann, Thomas T. Field, Hollie Harder, Nancy Virtue, Chantal Thompson and the staff of the National Foreign Language Resource Center, Simone Pavlovich, Sylvie Romanowski; University of Virginia undergraduate, Stéphanie Mayer; and our friends and colleagues Colette Lachman, Charlotte Sahnow, Lifongo Vetinde, Bruno Peyron, Laurence Rico, Michel Berthet, Pascale Hapgood, Stephanie Charnay, Pascale Barthe, Geneviève Brock, and Jean-Luc Desalvo. We would also like to acknowledge the role of the many reviewers who provided us with insightful comments and helpful criticism for improving the text. Diane Fagin Adler, North Carolina State University; Laura Anderson, Arkansas State University; William Cloonan, Florida State University; David Fein, University of North Carolina at Greensboro; Françoise Gebhart, Ithaca College; Elaine M. Phillips, Southwestern University; Michel Pichot, Clemson University; Mary Rice-DeFosse, Bates College; and Françoise Sorgen, University of California at Berkeley.

Finally, thanks to John Urbach, and our family and friends who supported us during our work on *Entretiens.*

This second edition is dedicated to the memory of Gregory P. Trauth, friend, teacher, and partner, whose love and generosity touched so many of us.

TABLE DES MATIERES

ENTRETIENS

Cours de conversation

Deuxième édition

CHAPITRE

1

L'art de la conversation

L'art de la conversation dépasse la connaissance de la grammaire de la langue. Les conversations ne se produisent pas dans un vide social : tout échange verbal a lieu dans un milieu reconnu par les interlocuteurs, imposant des conventions qui sont étroitement liées au code linguistique. En outre, les interlocuteurs se connaissent : même s'ils ne se sont jamais adressé la parole, ils reconnaissent leur statut dans la société. Donc, c'est l'interaction entre le contexte social, l'identité de l'interlocuteur et les règles de la langue qui guide le choix de l'expression. Parlons-en.

Entretien

Conversations. Etudiez les questions ci-dessous. Ensuite, écoutez les conversations entre Bruno et Laurence, deux étudiants français âgés de 22 ans. Répondez aux questions en vous basant sur leurs échanges.

Conversation 1

1. Lesquelles des fonctions suivantes trouvez-vous dans cette conversation ? Notez les expressions employées pour réaliser ces fonctions.

Fonctions	Expressions
Inviter	J'aurais voulu t'inviter... si ça te On pourrait aller dirait.
Accepter	voilà, ça va.
Refuser	Oui, mais
Hésiter	ben... si ça peut aller. On peut voir. eum... c'est ne peut-être pas...
Exprimer son plaisir	Parfait!
Exprimer sa colère	
S'excuser	

2. De quel genre de film s'agit-il ?
Les films sont américains et aventureux.

3. Quel problème y a-t-il ? Quelle solution Laurence propose-t-elle ?
Ils ne peuvent choisir quel film ils veulent voir.

Conversation 2

1. Lesquelles des fonctions suivantes trouvez-vous dans cette conversation ? Notez les expressions employées pour réaliser ces fonctions.

Fonctions	Expressions
Inviter	
Accepter	Ah, mais c'est merveilleux!
Refuser	
Hésiter	
Exprimer son plaisir	
Exprimer sa colère	Je suis vraiment navré(e) Zut!
S'excuser	excuse-moi, je suis désolé(e)
Accepter une excuse	C'est pas grave

emballé

2. Pourquoi est-ce que Laurence était en retard ?

_____

3. Qu'est-ce qu'elle propose de faire pour remédier à la situation ?

prendre un pos = verre

Conversation 3

un navet = radish

1. Laurence a-t-elle aimé le film ? Et Bruno, quelle a été sa réaction ?

2. Quelles expressions Laurence emploie-t-elle pour exprimer son déplaisir ? Et Bruno, pour exprimer sa satisfaction ?

_____

3. Qu'est-ce que Laurence reproche au film ? Et Bruno, qu'est-ce qu'il a aimé ?

_____

Conversation 4

1. Lesquelles des fonctions suivantes trouvez-vous dans cette conversation ? Notez les expressions employées pour réaliser ces fonctions.

Fonctions	Expressions
Demander un service	*J'aimerais te demander.*
Accepter	
Refuser	
Accuser	*Qu'est-ce que tu as fait avec...*
Faire des reproches	
Injurier	*Tu es énervant...*
Exprimer sa colère	
S'excuser	

Etape 1

Dans cette première étape, nous parlerons des différentes sortes de conversations et des circonstances qui peuvent influencer votre manière de parler.

A. Les conversations. Les conversations ne sont pas les mêmes; leurs structures varient selon les buts, les locuteurs et les cultures, aussi. Essayons de dégager ces différences. Remplissez la grille suivante en donnant votre opinion.

But de la conversation	Participants	Caractéristiques
obtenir des renseignements	• deux participants qui se connaissent • un locuteur qui ne connaît pas l'autre • deux locuteurs qui ne se connaissent pas	• courte • directe • consiste en une alternance de questions et de réponses
raconter une anecdote		
discuter après un film		
se présenter à un cocktail		
demander un service		

B. Les règles de la conversation. On n'est pas toujours conscient des règles de la conversation; néanmoins, celles-ci existent et servent à structurer un échange verbal. Quand vous parlez avec quelqu'un en anglais, quelles règles suivez-vous ? Quelle distance y a-t-il entre vous et votre interlocuteur ? Qui parle le premier ? Quand est-il permis d'interrompre ? Quand prenez-vous la parole ? Formulez cinq règles que vous suivez dans une conversation normale.

1. _On écoute!_
2. _On parle suivant les règles de politesse._
3. _On a du respect pour la distance._
4. _La personne qui dit ça._   _controversés_
5. _Quand qqn est injurieux._

C. Différences. Quelles différences avez-vous remarquées entre une conversation en anglais avec un(e) anglophone et une conversation en français avec un(e) Français(e) ? Notez ces différences ci-dessous.

1. _____
2. _____
3. _____
4. _____
5. _____

D. Le registre. Nous changeons notre manière de parler selon le milieu et la personne à qui nous parlons : il s'agit de différents registres. Remplissez la grille suivante, en ajoutant la forme d'adresse appropriée aux personnes et situations données. Ensuite, justifiez-vous en identifiant les facteurs qui ont déterminé votre choix de registre.

Qui ?	Où ?	Pour dire bonjour	Pour se présenter	Pour demander des renseignements	Pour dire au revoir
		Salut, ça va ?			Ciao !
Un(e) étranger(ère), plus âgé(e) que vous	Dans la rue	*Bonjour, comment allez vous ?*	*Je me présente*	*Veuillez... J'aimerais... Pourriez*	*Au revoir ! Bon après-midi*
Un(e) étranger(ère) qui a le même âge que vous	Une surprise-partie	*Bonjour*	*Je m'appelle*	*qu'est-ce que...*	
Un(e) camarade de classe	Dans le couloir	*Salut ! (propre)*	✓	*Je veux que...*	*Salut !*
Les parents d'un(e) ami(e)	Chez eux	*Bonjour*	*Je me présente...*	*Veuiller Pourrai*	*Au revoir... À la prochaine*

Que font-elles ? Imaginez leur conversation.

Ce sont les locuteurs qui, d'une façon interactive, structurent la conversation. Nous vous présentons ci-dessous des « outils » permettant de la conduire du début à la fin.

Outils

Pour diriger une discussion

Pour conter une anecdote :	Tu as entendu la nouvelle ?
	Tu sais ce qui m'est arrivé ?
	Ecoute, il faut que je te raconte/dise...
	Devine ce qui est arrivé à X.
	Est-ce que je t'ai (déjà) dit que...
	Tu ne croiras jamais ce que X m'a dit...
Pour continuer la conversation :	Non, raconte !
	Je t'écoute !
	Dis-moi !
	Qu'est-ce qui s'est passé ?
Pour rapprocher votre expérience de celle de votre locuteur :	Moi aussi, je...
	A peu près la même chose m'est arrivée...
	Cela me rappelle...
	A propos...
Pour entamer une discussion :	Est-ce que tu as lu/vu/entendu (que)...
	Est-ce que tu savais que...
Pour montrer son intérêt :	Ah bon ?
	C'est vrai ?/C'est pas vrai !
	Comment ça se fait ?
	Qu'est-ce que tu veux dire ?
	Par exemple ?
	Quoi ?

Les mots pour le dire

A. Quelle expression ? Quelles expressions utiliseriez-vous pour lancer les sujets de conversation suivants ? Quelle sorte de réponse pourrait-on donner pour poursuivre la conversation ?

1. Vous voulez parler d'un film que vous avez vu récemment.
2. Vous voulez parler de la malchance d'un(e) ami(e).
3. Vous voulez annoncer une bonne nouvelle.
4. Vous voulez parler d'un concert de rock auquel vous venez d'assister.
5. Vous voulez discuter d'un roman que vous venez de lire.

B. Echanges. Dans ces petits échanges, donnez l'expression qui sert à lier les phrases.

1. —Ecoute, Simone, tu ne me croiras pas, mais il m'a téléphoné encore une fois aujourd'hui.

    —...

    —Je t'assure. Et il veut aller au cinéma ce week-end.

    —... *Ah bon ?*

2. —... *Tu as vu* ~~ce film~~

    —Non, je ne l'ai pas encore vu. Ça vaut la peine ?

    —*Oui, bien sûr. Cela me rappelle de Jean de Florette.*

    —Ah bon ?

3. —Tu as entendu la nouvelle ? Marc a eu un accident de voiture. Heureusement qu'il n'a pas été blessé...

—...

—Toi aussi ? C'est pas vrai ! Quand ?

4. —Mes excuses, Nicole, mais je ne serai pas là demain.

—... *Je vous écoute .*

—Eh bien, mon fils est malade et ma femme sera en voyage d'affaires. Je ne peux pas le laisser seul.

5. —... *Tu as entendu la nouvelle de Jean-Do ?*

—Cela me rappelle le jour de mon mariage. Quelle catastrophe !

—... *Dis-moi !*

—D'abord, la famille de mon mari est arrivée en retard et...

C. Une anecdote. Racontez à un(e) camarade un événement insolite que vous avez vécu récemment. Il(Elle) montrera son intérêt et vous invitera à continuer votre histoire.

Parfois dans la conversation il y a des moments d'incertitude; nous ne comprenons pas exactement ce que l'on nous dit ou nous cherchons l'expression appropriée. Les « outils » suivants vous aideront à affronter ces moments.

Outils

Pour demander à quelqu'un de répéter

Pardon ?

Comment ?

Qu'est-ce que tu dis/vous dites ?

Tu peux/Vous pouvez répéter, s'il te/vous plaît ?

Je n'ai pas compris.

Ça veut dire quoi, exactement ?

Pour hésiter et gagner du temps

Euh...

Tu vois...

Eh bien...

Bon alors...

Voyons...

Ensuite...

En tout cas...

Alors...

Euh, comment dire...

Enfin...

Quoi...

Tu sais...

Quand l'expression vous échappe

Je ne connais pas l'expression en français.

C'est une expression qui signifie...

C'est un truc pour...

C'est l'action de...

En anglais, on dit...

Que signifie le mot... ?

Que veut dire cette expression ?

Les mots pour le dire

Quelle expression ? Quelle expression utiliseriez-vous dans les situations suivantes ?

1. Votre interlocuteur a employé une expression que vous n'avez pas comprise.
2. Vous ne savez pas comment dire *to hurt oneself* en français.
3. On vous demande de parler de la politique américaine. Vous avez besoin de temps pour formuler vos pensées.
4. Vous n'avez pas tout à fait compris le propos de quelqu'un.
5. Vous cherchez un décapsuleur mais vous ne connaissez pas le mot en français.

Etape 2

Pendant les conversations, il faut se présenter aux autres et faire leur connaissance grâce à des questions. Révisez les structures interrogatives suivantes.

Outils

Pour poser des questions

Pour poser une question dont la réponse sera oui ou non :	**Est-ce que + sujet + verbe :** Est-ce que tu habites sur le campus ? **Intonation montante :** Tu habites sur le campus ?
Pour demander des renseignements :	**Expression interrogative + *est-ce que* + sujet + verbe :** Où est-ce que tu habites ? A quelle heure est-ce que tu vas au cours de français ? **Inversion du sujet et du verbe :** A quelle heure vas-tu au cours de français ? Quel âge as-tu ? **Sujet + verbe + expression interrogative :** Tu habites où ? Tu t'appelles comment ?
Questions avec un pronom interrogatif :	**Qui** est le professeur ? **Qu'est-ce que** tu fais demain ?/**Que** fais-tu demain ?/Tu fais **quoi** demain ? **Avec qui** est-ce que tu vas/**Avec qui** vas-tu au cinéma ce soir ?

A. Faisons connaissance. En posant des questions à vos camarades de classe, trouvez une personne qui a l'un des traits suivants. Demandez à cette personne de signer. Trouvez quelqu'un...

	Signature
qui est né le même mois que vous	
qui a le même âge que vous	

dont la couleur préférée est la même que vous	
qui vient du même état que vous	
qui suit un autre cours de français	

B. Pour mieux vous connaître. Réfléchissez aux questions suivantes et faites votre portrait à un(e) camarade ou à la classe. Ajoutez une anecdote pour illustrer un aspect de votre personnalité suggéré par les questions.

1. Prenez-vous très à cœur de petites choses dont vous savez cependant qu'elles sont sans importance ? Etes-vous parfois bouleversé(e) par des petits riens ? Ou n'êtes-vous troublé(e) que par des événements graves ?

2. Vous occupez-vous activement pendant vos heures de loisir (action sociale, bricolage, etc.) ? Ou restez-vous de longs moments à ne rien faire, à rêver ou simplement à vous distraire (lecture d'agrément, radio, etc.) ?

3. Vous enthousiasmez-vous ou vous indignez-vous aisément ? Ou acceptez-vous simplement les choses comme elles sont ?

4. Vous faut-il fournir un effort pénible pour passer de l'idée à l'acte, de la décision à l'exécution ? Ou exécutez-vous immédiatement et sans difficulté ce que vous avez décidé ?

5. Etes-vous combatif(-ive) ? Recherchez-vous la compétition, la lutte ? Ou redoutez-vous les affrontements et les disputes ? Aimez-vous mieux céder d'avance plutôt que de provoquer un conflit ?

6. Etes-vous très ambitieux(-se) (désir d'accroître votre fortune, d'améliorer votre situation, etc) ? Ou estimez-vous que tout cela ne vaut pas la peine de s'épuiser à le poursuivre ?

7. Envisagez-vous tout ce qui peut arriver et vous y préparez-vous soigneusement ? Ou vous en remettez-vous à l'inspiration du moment ?

8. Attachez-vous une grande importance à la précision ? Ou préférez-vous ce qui est vague, indéterminé, nuancé ?

9. Préférez-vous les distractions à caractère intellectuel (étude, discussions d'idées, jeux de réflexion comme les échecs, etc.) ? Ou préférez-vous des distractions d'un autre ordre—physique, social ou sentimental ?

10. Etes-vous ponctuel(le), arrivez-vous parfois en avance pour ne pas manquer un rendez-vous ou arrivez-vous fréquemment en retard ?

11. Etes-vous naturellement méfiant(e), soupçonneux(-se) ? Ou êtes-vous spontanément confiant(e) ?

C. Pour connaître les autres. Posez des questions à un(e) camarade pour obtenir les renseignements suivants. Si la question est trop indiscrète, vous avez le droit d'inventer une réponse !

Questions	
Date de naissance ?	
Une qualité ?	
Un défaut ?	

Un espoir secret ?	
Une peur secrète ?	
Une ambition ?	
Son plat préféré ?	
Sa couleur préférée ?	
Son sport préféré ?	
Son air de musique préféré ?	
Une mauvaise habitude ?	
Une bonne habitude ?	
Une bête noire ?	
Une expression qui irrite ?	
Qu'est-ce qui le/la rend très heureux(-se) ?	
Qu'est-ce qui le/la vexerait profondément ?	

D. Exprimez-vous. Discutez des questions suivantes.

1. Qu'est-ce que c'est que la personnalité ? Quels facteurs la déterminent ?

2. Comment jugez-vous une personne ? Discutez des possibilités suivantes; ajoutez vos propres idées.
   - sa façon de parler
   - sa façon de s'habiller
   - son langage corporel
   - son signe astrologique
   - son écriture

Quand utiliseriez-vous ces gestes ?
Connaissez-vous des gestes américains équivalents ?

3. Dans quelles situations apprenez-vous davantage sur votre personnalité, vos goûts et votre comportement ?

4. Qu'est-ce que vous attendez de ce cours de français ?

Votre semaine selon les astres

Vous êtes Taureau, comme Marie-José Nat : l'amour va vous jouer de doux tours.

Poissons, comme Ornella Muti, les Astres veillent en particulier sur vos affaires.

Votre couleur porte-bonheur si vous fêtez votre anniversaire cette semaine

Le 22 : vert fraîcheur, vert bonheur. Le 23 : en bleu-vert comme les rouleaux de l'océan. Si vous êtes né le 24, comme Jean-Marc Thibault, voyez la vie en rose. Le 25, arc-en-ciel pour être encore plus belle. Le 26 : osez les imprimés, vous n'en serez que plus gaie. Le 27 : en jaune d'or ou jaune citron, la vie n'aura que du bon. Le 28 : ocre-rose, ocre-jaune, ocre-brun, tout vous ira bien !

Etape 3

La conversation est un art social. Vous allez lire un extrait tiré d'un manuel de savoir-vivre. Que pensez-vous des conseils donnés ?

Avant de discuter

Exprimez-vous. Réfléchissez aux questions suivantes.

1. Quels sont les traits d'une bonne conversation ?

2. Quels sujets faut-il éviter dans une conversation ?

3. Comment sont les conversations
   • entre hommes ?
   • entre femmes ?
   • entre un homme et une femme ?

4. Quels sont les sujets de conversation typiques ? Quels sujets évite-t-on ?

Lecture

Extrait du *Savoir-vivre* : *Le Guide pratique des bons usages*
Il n'est pas donné à tout le monde de «bien parler», ni de parler aisément. Savoir conduire une conversation est un art, à deux comme à plusieurs. Les silences ont leur valeur, à condition de ne pas laisser tomber la conversation.

Le ton d'une conversation doit toujours être [...] de bonne compagnie», quels que soient le milieu et les circonstances dans lesquels on se trouve, ce qui n'empêche ni liberté de jugement, ni vigueur d'expression, ni même verdeur [...].

Conversation générale

Dans une réunion où se trouvent des esprits très variés par l'âge, la formation, la culture, quelquefois même l'éducation, on ne doit pas se laisser aller à une conversation trop précise ni trop spécialisée, sur quelque sujet que ce soit. On évitera de parler de soi et surtout de vanter certains privilèges personnels devant des personnes qui s'en trouveront embarrassées ou même indisposées... Il est si facile de briller au détriment des autres, quand on est seul à pouvoir parler d'un sujet. A moins, bien entendu, que les auditeurs eux-mêmes vous posent des questions et s'intéressent véritablement à vos problèmes d'affaires personnelles... Réservez-les à votre épouse ou à vos amis proches.

Conversation entre hommes

Une conversation entre hommes porte en général sur des sujets qui exigent une exactitude, une logique et une recherche intellectuelle différentes des qualités ordinaires d'une conversation «de salon».

Conversation entre femmes

Une conversation entre femmes, si elle est plus fragmentée et moins ordonnée, doit garder une «tenue» dans l'expression comme dans le choix des sujets: évitez les détails excessifs à propos du ménage, les confidences sur la vie sentimentale, les descriptions circonstanciées des maladies, les détails infinis sur les enfants, les difficultés ancillaires.

Conversation entre homme et femme

Quant aux conversations entre homme et femme, quels meilleurs conseils donner que ceux de l'austère Philippe II d'Espagne à l'un de ses intimes: «Bien des gens croient qu'on ne peut parler avec les femmes que de gentillesses ou de mièvreries et, pour cette raison, hésitent à les approcher. On doit au contraire considérer qu'avec les dames (et cela est d'autant plus vrai que leur rang est plus élevé), il faut parler comme avec les hommes: "Comment avez-vous dormi? Que pensez-vous de ce pays, de cette maison?" et d'autres choses semblables.»

Gardez-vous de leur dire que vous êtes amoureux d'elles. Ne cherchez pas leur faveur d'une manière cavalière, mais peu à peu, avec précaution, afin de ne pas vous exposer à un affront.

Discussion/Activités

1. Dans l'extrait que vous venez de lire, quels conseils vous paraissent valables ? Lesquels sont inutiles/ridicules ?

2. N'avez-vous pas déjà eu une conversation qui n'a pas du tout abouti ? Pourquoi ?

3. Quel rôle a la conversation dans votre vie ?

4. Etablissez vos propres règles de savoir-vivre pour la conversation, basées sur votre expérience.

N'oubliez pas d'ajouter les nouvelles expressions que vous avez apprises dans ce chapitre à votre lexique personnel.

Lexique personnel

CHAPITRE

2

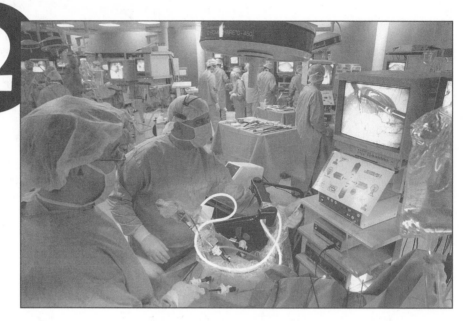

Trouver un emploi : les règles du jeu

C'est une réalité : à moins que vous ne deveniez milliardaire en gagnant à la loterie ou que votre famille ne soit plus riche que la reine d'Angleterre, vous serez obligé(e) de travailler une grande partie de votre vie. Par conséquent, le travail est un sujet de conversation fréquent : on en cherche, on s'en plaint, on s'en inquiète...

Entretien

Interview avec Emmanuelle, Nantaise de 30 ans, enseignante et étudiante vivant aux Etats-Unis depuis quelques années. Regardez les questions posées à Emmanuelle. Puis écoutez l'interview une fois en prenant des notes. Ecoutez encore une fois et répondez aux questions de l'exercice.

1. Quelle est ton expérience dans le monde du travail ?
   Notes :
   • Nommez trois emplois qu'elle a eus en France.
   • En quelle saison a-t-elle travaillé ?
   • Quel travail a-t-elle préféré ?

2. Qu'est-ce que tu as fait à la banque ?
   Notes :
   • Elle travaillait à la _____.
   • De quoi s'occupait-elle ?

3. Alors, tu n'avais pas beaucoup de contact avec le public ?
   Notes :
   • Où Emmanuelle travaillait-elle en général à la banque et à la compagnie d'assurances ?

4. Est-ce qu'il fallait une formation particulière pour ces boulots ?
   Notes :
   • Quelle expérience fallait-il ? Pour quel travail ?

5. Et le troisième boulot ?
   Notes :
   • Nommez trois choses qu'Emmanuelle faisait à l'Institut américain.

6. Quel niveau est-ce que tu préfères enseigner ?
   Notes :
   • Quelles raisons Emmanuelle donne-t-elle pour ses préférences ?
   • Le niveau débutant :
   • Le niveau plus avancé :

7. Quels aspects de l'enseignement te plaisent le plus ou le moins ?
   Notes :
   • Nommez deux aspects de l'enseignement qui lui plaisent.

8. Tu trouves que les enseignants mènent une vie assez bien ?
   Notes :
   • Quels sont les côtés positifs et négatifs cités par Emmanuelle ?

Etape 1

Le lexique suivant vous aidera à parler du monde du travail.

Lexique

l'assurance (*f.*) médicale / dentaire	embaucher / engager quelqu'un
les avantages sociaux	l'emploi à plein temps (*m.*) /
avoir un entretien	à mi-temps
la direction	être bien / mal payé

être au chômage	rédiger un CV
le job	gagner de l'argent
le jour de paie	renvoyer/licencier/virer (*familier*)
le patron(ne)/le gérant(e)/le chef	quelqu'un = mettre quelqu'un à
les petites annonces	la porte
le poste	le salaire
postuler un emploi/faire une	
demande d'emploi	

Parmi les milliers d'emplois possibles, voici une liste des plus fréquents. Si votre emploi n'y figure pas, ajoutez-le à votre lexique personnel.

Lexique

artiste (peintre, danseur/danseuse, chanteur/chanteuse, acteur/actrice)	informaticien/informaticienne
	médecin/femme médecin
	ouvrier/ouvrière
avocat/avocate	PDG (président directeur général)
cadre	secrétaire commercial/de
comptable	direction
écrivain/femme écrivain	serveur/serveuse
employé(e) de banque/d'assurance	technicien/technicienne
fonctionnaire	vendeur/vendeuse

Les mots pour le dire

A. Ordre chronologique. Quel est le processus pour trouver un emploi ? Classez les actions suivantes par ordre chronologique.

a. _____ l'arrivée de la première paie

b. _____ avoir un entretien

c. _____ lire les petites annonces

d. _____ postuler un emploi

e. _____ rédiger un CV

f. _____ le rendez-vous

g. _____ le licenciement

h. _____ les négociations

i. _____ l'embauche

B. Intérêts. Il est souhaitable d'exercer un métier ou une profession qui corresponde à votre vie ou à vos objectifs. Classez les professions/métiers suivants selon leur intérêt. Ensuite, trouvez les emplois qui correspondent aux catégories cochées. Justifiez vos réponses.

Profession	Aider les autres	Se déplacer	Travail manuel	Travail intellectuel	Travail de précision	Créer	Avoir des contacts	Travailler en plein air	Travailler dans un bureau	Aimer les défis
météorologiste										
souffleur de verre										
comptable										
vendeur										
croupier										
éducateur sportif										
télévendeur										
		✓				✓				
	✓							✓		
				✓			✓			

C. Trouvez un emploi. Trouvez un emploi pour chaque personne, en vous basant sur l'extrait de son CV reproduit ci-dessous. Après avoir choisi un emploi, dites quelles autres qualifications les personnes devraient avoir pour l'obtenir.

1. MAMOUN, Paule
   Formation :
   • Licence d'anglais, Université du Maine
   • BTS de Secrétariat de Direction
   • Stage de traitement de texte

2. DELLOVECCHIO, François
   Langues :
   • Anglais : Courant (lu, parlé, écrit), nombreux séjours aux Etats-Unis
   • Italien : Courant (lu, parlé, écrit), langue fréquemment utilisée en famille
   • Allemand : Bonnes connaissances

3. CROBARRE, Robert
   Expérience :
   • 1991–94 : Livreur chez Pizza Pinnochio
   • 1994–97 : Vendeur, fruits et légumes
   • 1997–   Serveur, Bistro L'Hippopotame

4. MALBEC, Anne

Fonctions :
- accueil et fidélisation de la clientèle
- promotion des nouveautés
- tenue de caisse et mise à jour régulièrement
- réorganisation du stock

D. Exprimez-vous. Quelle est votre expérience dans le monde du travail ?
Répondez aux questions suivantes en ajoutant autant de détails que possible.

1. Travaillez-vous en ce moment ? Comment avez-vous trouvé votre emploi ?
En êtes-vous satisfait(e) ou non ? Pourquoi ?

2. Si vous ne travaillez pas encore, quelle sorte de travail envisagez-vous dans
l'avenir ? Pourquoi avez-vous choisi cet emploi ?

3. Comment avez-vous trouvé votre emploi actuel ? Si vous ne travaillez pas,
comment allez-vous trouver votre premier emploi ?

4. Avez-vous déjà été licencié(e) ? Racontez les circonstances.

Apprenez chez vous le métier qui vous plaît

DIETETICIENNE
Apprenez à équilibrer un menu, initiez-vous aux problèmes de nutrition, de régime en vous préparant au B.T.S. diététique.

SECRETAIRE MEDICO-SOCIALE
Vous aimez rendre service, aider, renseigner ? Devenez secrétaire médico-sociale.

ASSISTANTE SOCIALE
Si vous désirez exercer un métier passionnant qui vous permettra d'être utile aux autres, préparez l'examen d'entrée dans les écoles.

MASSEUR KINESITHERAPEUTE
Vous êtes passionnée par les problèmes de rééducation ? Apprenez un métier varié, rémunérateur, en préparant l'examen d'entrée dans les écoles.

EDUCATRICE DE JEUNES ENFANTS
Si vous aimez les tout-petits, vivez près d'eux en préparant l'examen d'entrée dans les écoles.

AUXILIAIRE DE PUERICULTURE
Soyez la personne de confiance qui sait donner aux nouveau-nés tous les soins qu'ils réclament en préparant l'examen d'entrée dans les écoles.

GRAPHOLOGUE
Si la psychologie vous passionne, apprenez un métier aux applications croissantes.

INFIRMIERE
Travail au sein d'une équipe médicale, profession indépendante, spécialisations multiples, le métier d'infirmière vous ouvre de nombreux horizons. Préparez l'examen d'entrée dans les écoles.

HOTESSE MEDICALE
Dans les cliniques, les hôpitaux, contribuez par votre présence à améliorer les conditions d'hospitalisation des malades et de leurs familles.

VENDEUSE CONSEILLERE EN PRODUITS DIETETIQUES
Découvrez toutes les vertus des plantes et divulguez-les auprès du public.

ESTHETICIENNE
Apprenez les secrets de la beauté en suivant nos cours théoriques et nos stages pratiques. Préparation intensive au C.A.P. d'esthéticienne cosméticienne.

HOTESSE DU TOURISME
Aéroports, hôtels, voyages, ne reportez pas plus longtemps votre décision d'exercer un métier plein d'imprévus.

HOTESSE DE L'AIR
Pour que votre rêve devienne réalité, préparez-vous activement aux tests et entretiens organisés par les compagnies aériennes (niveau bac nécessaire).

B.T.S. TOURISME
Voyages, vacances : joignez l'utile à l'agréable en travaillant dans un secteur en pleine expansion.

EDUCATRICE SPORTIVE
Vous êtes sportive, le travail de plein air vous attire ? Préparez le brevet d'Etat et accédez ensuite au monitorat (tennis, natation, etc.).

LANGUES VIVANTES
Une langue peut s'apprendre en 6 mois. Alors, si vous avez du temps libre, apprenez ☐ l'anglais ☐ l'allemand ☐ l'espagnol (initiation ou perfectionnement). COURS SUR DISQUES OU CASSETTES.

SECRETAIRE DE DIRECTION
Vous êtes efficace, ordonnée, devenez la secrétaire sur qui l'on peut compter. (Possibilités de préparer le B.T.S. secrétariat ou le baccalauréat G1).

COMPTABLE
Pour avoir un bon salaire, pour occuper un poste de confiance dans l'entreprise, devenez comptable. Préparation aux C.A.P., B.P., B.T.S., D.E.C.S.

CAPACITE EN DROIT
Sans le baccalauréat, préparez chez vous la capacité en droit. Nombreux débouchés dans les domaines juridique et fiscal (inscription en faculté de droit nécessaire).

B.T.S. PUBLICITE
Soyez toujours à la pointe des nouvelles tendances en apprenant à concevoir et à réaliser une campagne publicitaire.

DECORATRICE
Devenez la professionnelle qui sait sans hésiter agencer un intérieur, choisir les styles et créer une ambiance personnelle.

STYLISTE DE MODE
Choisissez les gammes de coloris, de tissus, créez vous-même les modèles d'une collection en devenant styliste de mode.

ETALAGISTE
Exercez votre goût pour la création en jouant avec les objets, les couleurs, les formes et les éclairages.

PHOTOGRAPHE
Pour trouver une nouvelle façon de vous exprimer, dépassez le stade du simple amateur.

OPERATEUR(TRICE) SUR ORDINATEUR
Profession accessible à tous, vous assurerez principalement les différentes manipulations nécessaires au fonctionnement de l'ordinateur.

PROGRAMMEUR D'APPLICATION
Vous travaillez en collaboration avec l'analyste, testez et mettez au point les programmes.

DECORATEUR(TRICE) FLORAL(E)
Si vous possédez un goût artistique, si vous aimez les fleurs, la recherche et la décoration, ce métier vous passionnera.

DESSINATEUR(TRICE) PAYSAGISTE
Tirez parti de vos aptitudes en dessin. Concevez et dessinez des jardins.

TOILETTEUR DE CHIENS
Travaillez à la mise en valeur de la beauté des formes et du poil des chiens. Donnez-leur l'aspect conforme aux normes de leur race.

SECRETAIRE ASSISTANT(E) VETERINAIRE
Vous aimez les animaux et souhaitez travailler auprès d'eux. Assistez le vétérinaire dans les soins qu'il leur apporte.

SOGEX

POSSIBILITE DE COMMENCER VOS ETUDES A TOUT MOMENT DE L'ANNEE

Testez-vous

A. Trouvons un emploi ! A quel travail êtes-vous destiné(e) ? Apte ? Quali-
fié(e) ? Complétez le petit exercice suivant.

Première partie

Voici quelques critères de motivation au travail. Classez-les par ordre d'importance pour vous (1 = le plus important).

— l'affectivité (ambiance, bonnes relations)
— la réalisation (épanouissement personnel)
— le pouvoir (promotions possibles)
— la reconnaissance (considération)
— la confiance
— le salaire
— l'aspect réalisable des tâches à effectuer
— l'altruisme (l'amélioration de la société)

Donnez vos résultats à la classe, en justifiant l'importance attribuée à chaque
élément.

Deuxième partie

Voici une liste de verbes (suivis d'un sigle). Entourez-en un minimum de dix
qui correspondent à vos compétences.

Organiser (AP)	Communiquer (E)	Diriger (AP)	Gérer (A)
Surveiller (AP)	Analyser (AP)	Adapter (AP)	Animer (AP)
Rédiger (E)	Commander (AP)	Réfléchir (R)	Exprimer (E)
Penser (R)	Argumenter (E)	Enseigner (AP)	Abstraire (R)
Parler (E)	Obéir (AP)	Imaginer (R)	Agir (A)
Effectuer (A)	Réaliser (A)	Construire (A)	Faire (A)
Bricoler (A)	Expliquer (E)	Raconter (E)	Décrire (E)
Dire (E)	Raisonner (R)	Concevoir (R)	

Maintenant, classez les verbes dans les catégories suivantes, selon les lettres
qui les suivent.

E = Votre désir de **vous exprimer** oralement ou par écrit	**R** = Vos capacités à **raisonner,** à penser	**A** = Vos tendances à vous montrer **actif**	**AP** = Vos aptitudes

Quelle(s) catégorie(s) domine(nt) dans votre profil ?

Troisième partie

Répondez aux questions suivantes.

1. Pendant votre scolarité, quelles étaient les disciplines qui vous ont plu,
   dans lesquelles vous avez obtenu les meilleurs résultats ?

2. Lors de vos expériences professionnelles ou personnelles, qu'avez-vous appris d'important ?

3. Quelles étaient vos fonctions, tâches, responsabilités dans vos expériences professionnelles précédentes ?

4. Dans votre vie privée, avez-vous eu des activités pouvant intéresser un employeur (activités extra-scolaires, volontariat, etc.) ?

Quatrième partie

Dans la liste suivante, entourez un minimum de cinq mots qui correspondent le plus à votre caractère. Ajoutez si besoin des aptitudes qui n'y figurent pas. Ensuite, classez-les en mettant le plus important en tête.

Adaptabilité	Concentration	Imagination	Sens des responsabilités
Ambition	Contacts humains	Initiative	???
Analyse	Diplomatie	Intellect	
Autonomie	Efficacité	Organisation	
Autorité	Esprit d'équipe	Persévérance	
Communication	Esprit de synthèse	Persuasion	

1. _____

2. _____

3. _____

4. _____

5. _____

Cinquième partie

Quelles capacités physiques/intellectuelles sont nécessaires pour exercer les professions/métiers suivants ? Choisissez-les parmi la liste qui suit, et suggérez en d'autres.

Acuité visuelle	Dextérité manuelle	Logique
Analyse	Endurance physique	Mémoire
Calme	Habileté physique	Précision
Créativité	Initiative	???

Profession/Métier	Capacités
pilote	
comptable	
électricien	
Directeur général	
infirmier/infirmière	
assistant(e) social(e)	
profession/métier auquel vous vous intéressez	

B. Correspondances. Selon vous, quelles motivations, compétences, formations, activités personnelles et capacités correspondraient aux emplois suivants ? Quel caractère serait essentiel ? En utilisant tous les verbes, adjectifs et substantifs présentés ci-dessus, complétez le schéma suivant.

Emploi	Motivation	Compétences	Formation	Activités	Caractère	Capacité
architecte						
technicien						
forestier						
cuisinier						
mannequin						
sage-femme						
guide						

C. Synthèse. Vous êtes maintenant prêt(e) à cibler le travail qui vous conviendrait le mieux. En synthétisant les éléments dégagés ci-dessus, faites une description de votre travail idéal, en respectant la formule suivante.

MOTIVATIONS au travail + COMPETENCES + FORMATION scolaire/ professionnelle + ACTIVITES personnelles + CARACTERE + CAPACITE = EMPLOI idéal

MODELE : Pour moi, ce qui est important dans un emploi, c'est le pouvoir. Je sais diriger, gérer, commander, effectuer et agir. J'ai travaillé deux ans en tant que chef de rayon dans un grand magasin. J'ai beaucoup d'ambition, je suis autoritaire, je sais convaincre, j'ai le sens des responsabilités. Je suis logique, organisé et précis. Mon emploi idéal serait celui de PDG.

A vous la parole

A l'ANPE. Vous voulez changer d'emploi et vous allez à l'ANPE (l'Agence nationale pour l'emploi) pour demander des conseils. Vous parlez de votre expérience, de vos goûts et qualifications avec un(e) conseiller(ère) (joué(e) par un(e) camarade). Il/Elle vous suggère des possibilités.

EMBAUCHE !
AVANT DE SIGNER,
VÉRIFIEZ LA SANTÉ FINANCIÈRE
DE L'ENTREPRISE
PAR MINITEL: 36 17 VERIF
Informations sur les dirigeants, chiffres d'affaires, bénéfices, dettes, trésorerie, etc...
5,48 F/minute - Service édité par AGL avec DUN & BRADSTREET

LES SALAIRES ÉVOLUENT... ET LE VÔTRE ?
Consultez le guide des salaires par minitel:
36 17 SALAIR
Service édité par AGL
3,42 F/minute

POUR QUEL MÉTIER ÊTES-VOUS FAIT ?
PAR MINITEL:
36 15 ORI
En répondant par minitel à 3 tests élaborés par les Etablissements d'Applications Psychotechniques, ORI vous donnera immédiatement la liste des métiers où vous devriez réussir et ceux qu'il vous faut éviter, ainsi qu'une synthèse de votre profil que vous pourrez garder.
2,19 F/minute - Service édité par AGL

Vous savez maintenant à quel genre de travail vous êtes apte. C'est le moment de penser à l'entretien. Comment se préparer à cette étape critique ? Qu'est-ce qu'on devrait dire ? Qu'est-ce qu'il faut faire ?

Outils

Pour conseiller

Si j'étais toi, je (téléphonerais à l'avance).

C'est une bonne idée
Il est conseillé/déconseillé
Je te conseille
} de saluer le recruteur par son prénom.

Il faut toujours
Il ne faut jamais
Tu devrais
Tu aurais dû
} parler du salaire souhaité.

Sois (à l'aise).
Aie (de la confiance).
Sache (bien écouter les questions du recruteur).

Pendant l'entretien, l'employeur/le recruteur vous posera une série de questions « classiques ». Lisez la liste qui suit et ajoutez-en d'autres que vous connaissez.

Les questions classiques

- Pourquoi avez-vous répondu à notre annonce ?
- Pourquoi avez-vous quitté votre dernier emploi ?
- Quelles sont vos principales qualités ?
- Que savez-vous de notre société ?
- Que pouvez-vous nous apporter, hormis ce qui figure sur votre CV ?
- ???

Les mots pour le dire

A. Que conseillez-vous ? Votre ami(e) vient d'être convoqué(e) à un entretien avec le recruteur d'une grande société française. Que lui conseillez-vous de dire/faire à chacun des moments suivants ?

1. la semaine avant le rendez-vous

2. la veille du rendez-vous

3. pendant l'entretien

4. la fin du rendez-vous

5. après le rendez-vous

B. Des questions difficiles. Pour se préparer à son entretien, votre ami(e) vous demande de l'aider à mettre sa technique à l'épreuve en faisant des jeux de rôle. Vous jouez le rôle du patron et vous lui posez des questions difficiles. Il/Elle répond. En notant ses réponses, vous dites ensuite si vous auriez répondu de la même façon ou ce qu'il/elle aurait dû dire. Vous lui faites remarquer qu'il/elle

1. est trop jeune.

2. est trop âgé(e).

3. est resté(e) trop longtemps sans emploi.

4. manque d'expérience.

5. est trop spécialisé(e).

6. semble instable dans ses activités.

C. Une catastrophe. Un(e) autre ami(e) vous raconte l'entretien catastrophique qu'il/elle vient de passer. Vous lui dites ce qu'il/elle aurait dû faire.

1. Je suis arrivé à l'heure, mais ma cravate était dénouée et je n'ai pas eu le temps de refaire le nœud.

2. L'employeur m'a dit qu'en général, les femmes n'ont pas les aptitudes requises pour ce genre d'emploi. Je l'ai accusé de sexisme.

3. L'employeur est devenu agressif, donc je suis devenu(e) agressif(-ve) à mon tour.

4. L'employeur m'a posé une question indiscrète, alors j'ai carrément refusé d'y répondre.

A vous la parole

Des petites annonces. Parmi les petites annonces suivantes, choisissez-en une. Avec un(e) camarade, simulez un entretien entre un(e) recruteur(-euse) et l'employé(e) potentiel(le).

Garage
Mécanique

H 40 a. formation mécan.
20 ans exp. mécanicien
d'entretien + hydraulique
et pneumatique et pré-
parat. M. Matynia 27 rue
Armand Mame 62420
Billy Montigny

Gardiens
Concierges

H 50A sérieux honnête
discret rech. emploi gar-
diennage entretien bon
bricoleur permis VL im-
meuble propriété autres
Tél. 01 53 57 32 71

Plomberie
Couverture
Chauffage

JH 22A ch. place stable en
Plomberie exp. P1 Paris
rég. par T. 04 45 86 83 13

Gens de
maison

H. 50a. ch. place valet
chauffeur étudie prop.
chez une ou deux pers.
Tél. 04.42.26.20.76

Professions
médicales et
paramédicales

Auxiliaire de vie ch.
empl. maison de retraite
ou chez part. ou garde
malade jour/nuit Tél.
01.42.87.36.33

En France, comme aux Etats-Unis, les petits commerces ont beaucoup changé. Est-ce pour le mieux ? L'article suivant servira de point de départ pour discuter de cette question.

Lexique

un boulanger/une boulangère

un fournil

le pain : avec/sans épis, complet, au levain, au son, aux cinq céréales, au sarrasin

pétrir la pâte

Préparation à la lecture

Exprimez-vous. Répondez aux questions suivantes.

1. Où préférez-vous faire vos courses : au supermarché, dans les grandes surfaces ou chez les petits commerçants du quartier ? Quel est l'avantage de chaque situation ?

2. Dans votre ville, est-ce que les petits commerçants sont menacés par les grandes entreprises ?

3. Décrivez une boulangerie américaine. Qu'est-ce qu'on peut y acheter ?

4. Avez-vous déjà visité une boulangerie française ? Comment est le/la boulanger(-ère) ? Qu'est-ce qu'on peut y acheter ?

5. Comment s'appellent les pains suivants ? Décrivez-les.

6. Quelle sorte de pain préférez-vous ? Où l'achetez-vous ? Comment est-il ? A quel(s) moment(s) de la journée mangez-vous du pain ?

La boulangère

Vous voulez un croissant? Elle en est à superviser l'installation des croustades aux fruits de mer—«Là, Juliette, à côté des tourtes aux herbes.» Euh... et mon croissant? «Le foie gras, Nicole, plus près des bouteilles de champagne! Ensuite, vous me donnerez un coup de main pour dresser les tables.» La boulangère, aujourd'hui, vend de tout. Même du pain.

Un monde culturel et social la sépare désormais de la crémière ou de l'épicière du quartier. Là, tout est différent. On est projeté dans un autre univers. A mi-chemin entre l'alimentaire et l'art sublimal. «Vous avez goûté notre nouvelle création: ce pain aux crevettes et aux noix?»

La boulangerie est devenue un showroom de la baguette «paranormale»: à trois branches, sinusoïdale, carrée, avec ou sans épis, en forme de cathédrale, d'autobus ou d'hommes célèbres! Pain, parfois blanc, souvent complet, au levain, au son, au sarrasin ou aux cinq céréales... Ici, on ne se contente plus de pétrir la pâte: on crée.

Consciente de son nouveau statut, elle gère son «espace» comme une boutique de mode. Avec distinction. Sang-froid. Mobilité. Elle déserte souvent le tiroir-caisse et les «cinq et dix qui font quinze». Le sourire sobre, en professionnelle des relations publiques—en vieux patois, on disait: avoir le sens du commerce—elle vole conseiller le néophyte sur sa dernière «œuvre»: la brioche aux épinards. Le maquillage discret, le brushing au quotidien, elle règne «sévèrement» sur une escouade de gamines au nom et à l'héraldique de la maison: «Dépêchez-vous de servir, Mireille!» Au moment du déjeuner, elle se transforme en hôtesse de bistrot.

Aux heures de pointe, plus jamais vous ne l'entendrez hurler: «Eh, Raymond! les bâtards, tu les achemines en petite vitesse!» D'ailleurs, le Raymond en question n'a rien de pagnolesque. Ne l'imaginez plus la clope au bec, le «marcel» élimé et l'air d'avoir passé la nuit dans un sac de ciment. Non! Quand il jette un œil hors de son fournil—pardon: de son «laboratoire»!—c'est le maître qui vient saluer son public. Impeccable. Immaculé. Comme pour la parade. A croire que, tel un prestidigitateur, il fait son pain sans farine.

Bernard Mazières

Discussion/Activités

A. Compréhension. Avez-vous bien compris la lecture ? Répondez aux questions suivantes.

1. Qu'est-ce qu'on peut acheter à la boulangerie ? Lesquels de ces produits sont nouvellement disponibles ?

2. Décrivez quelques « créations » citées dans l'article.

3. A quoi compare-t-on la boulangerie ? Nommez deux choses.

4. Trouvez des adjectifs et des comparaisons pour décrire le rôle et la manière de la boulangère.

B. Pagnol. A la fin de l'article, on fait référence au boulanger « pagnolesque ». En relisant le texte et en regardant la photo à la page suivante, décrivez ce boulanger.

C. Résumé. Créez un sous-titre qui exprime le point principal de cet article.

D. Comparaisons culturelles. Comment les petits commerces ont-ils changé aux Etats-Unis ? Répondez aux questions suivantes.

1. Qu'est-ce qu'on peut commander dans les restaurants et les cafés américains aujourd'hui que l'on ne pouvait pas commander il y a dix ans ?

2. Pensez aux magasins et aux restaurants que vous visitiez quand vous étiez petit(e). Existent-ils toujours ? Ont-ils changé ?

3. Les serveurs/serveuses s'habillent-ils différemment d'il y a dix ans ? Ont-ils/elles une manière différente ?

4. Pensez-vous qu'il y a plus ou moins de boulangers aux Etats-Unis aujourd'hui qu'il y a dix ans ?

E. Lecture critique. Selon vous, l'auteur de cet article pense-t-il que la nouvelle boulangerie/boulangère est meilleure que ses prédécesseurs ? Justifiez votre réponse. Et vous, avez-vous la nostalgie des magasins de votre enfance ?

N'oubliez pas d'ajouter les nouvelles expressions que vous avez apprises dans ce chapitre à votre lexique personnel.

Lexique personnel

Le rêve : qu'en savez-vous ?

Tout le monde fait des rêves, mais leurs origines et signications restent souvent inconnues ou mal expliquées. Bien que l'onirologie (l'analyse des rêves) ne soit pas une science exacte, le rêve représente pour certains la clé de l'inconscient, et pour d'autres, celle de l'avenir...

Entretien

Interview avec Mlle H., la vingtaine, Nantaise habitant à Charlottesville en Virginie. Regardez les questions posées à Mlle H. Puis, écoutez l'interview une fois en prenant des notes. Ecoutez encore une fois et répondez aux questions de l'exercice.

1. Avant de parler des rêves et des cauchemars, je voulais te demander dans quelles situations tu éprouves le besoin de t'échapper ?
   Notes :
   • Mlle H. éprouve le besoin de s'échapper avant _____.

2. Et quelles sont tes échappatoires préférées ?
   Notes :
   • Nommez trois échappatoires que Mlle H. a mentionnées.

   a. _____

   b. _____

   c. _____

3. Y a-t-il quand même des situations qui te font peur ?
   Notes :
   • Quelle situation lui fait peur ? *fait du sport (suivre qqn)*

4. Alors, ce qui te fait peur pendant la journée, cela provoque des cauchemars ?
   Notes :
   • Quel cauchemar est-ce qu'elle raconte ? Quels détails est-ce qu'elle ajoute à son récit ?

5. Maintenant que tu es professeur, est-ce que tu rêves que tu es devant les étudiants et que quelque chose de bizarre t'arrive ?
   Notes :
   • Quels deux rêves est-ce que Mlle H. raconte ?

   a. _____

   b. _____

6. Tu fais d'autres rêves qui reviennent ?   *fleurs sechées*
   Notes :
   • Quel est le rêve qui revient ? Quels en sont les détails ?

Etape 1

Pour parler de vos rêves, vous aurez besoin des expressions suivantes.

Lexique

avoir le sommeil lourd/léger/agité	s'endormir
avoir sommeil	faire un rêve/un cauchemar
avoir un sommeil normal	rêvasser
le dormeur	le rêve/le cauchemar
dormir bien/mal/légèrement/ profondément	se coucher/se lever/se réveiller
	sommeiller

Selon certains, les rêves que nous faisons sont le reflet de notre personnalité. Comment est la vôtre ?

Lexique

Etes-vous...	Ou êtes-vous...
logique	irrationnel(le)
sensé(e)	insensé(e)
diplomate	rigide
généreux(-euse)	avare
digne de confiance	instable
bienveillant(e)	malveillant(e)

Maintenant, pensez aux autres expressions dont vous avez besoin pour décrire votre personnalité et ajoutez-les à votre lexique personnel.

Les mots pour le dire

A. Antonymes et synonymes. Remplissez la grille suivante en trouvant un synonyme et un antonyme pour chacun des mots et expressions suivants.

Mot	Synonyme	Antonyme
logique		
avoir une bonne maîtrise de soi		
souple		
dogmatique		
matérialiste		
imaginatif		

B. Adjectifs. Trouvez un adjectif pour décrire les personnes suivantes.

1. Une personne qui *tente de toutes ses forces de faire quelque chose* est _____.

2. Une personne qui *n'en fait qu'à sa tête* est _____.

3. Une personne qui *s'adapte aux changements* est _____.

4. Une personne qui *est bien dans sa peau* est _____.

5. Une personne qui *fait la tête* tout le temps est _____.

6. Une personne qui *a l'esprit large* est _____.

7. Une personne qui *se méfie des autres* est _____.

8. Une personne qui aime *se faire valoir* est _____.

9. Une personne qui *est facilement impressionnable* est _____.

10. Une personne qui *a peu de scrupules* est _____.

C. Portraits. Faites le portrait des personnes suivantes en utilisant les expressions à la page précédente. Ajoutez-en au besoin et notez-les dans votre lexique personnel.

1. votre meilleur(e) ami(e)

2. une personne que vous n'aimez pas du tout

3. un personnage célèbre que vous admirez

4. un personnage célèbre que vous n'aimez pas du tout

D. Rêves et fantasmes. Décrivez les personnalités suivantes. Ensuite, dites de quoi les caractères-types suivants rêveront. Quel serait leur cauchemar le plus affreux ?

> **MODELE 1 :** un mégalomane
> **VOUS :** C'est quelqu'un qui aime le pouvoir. Il rêve de devenir président du pays, roi du monde...

> **MODELE 2 :** un paranoïaque
> **VOUS :** C'est quelqu'un qui pense que tout le monde lui veut du mal. Pour lui, son cauchemar est de découvrir qu'on le suit et qu'on le persécute.

1. un avare

2. un hédoniste

3. un perfectionniste

4. un jaloux

5. un romantique

6. un autoritaire

E. Exprimez-vous. Que pensez-vous des rêves ? Répondez aux questions suivantes, en élaborant votre opinion.

1. Attachez-vous beaucoup d'importance aux rêves ?

2. Que représente le rêve pour vous : serait-il le symptôme d'un trouble psychologique ? un ensemble d'événements vécus plutôt dûs au hasard ? un présage ? autre(s) chose(s) ?

3. Selon vous, y a-t-il une sensibilité différente entre les personnes qui font beaucoup de rêves et celles qui prétendent ne jamais ou rarement en faire ?

Testez-vous

A. Test. Avant de continuer notre discussion sur le rêve, faites ce petit test.

Les personnalités des rêveurs

Quelle sorte de rêveur êtes-vous ? La personne que vous êtes dans vos rêves correspond-elle à celle que vous êtes quand vous êtes éveillé ? Vous le saurez en répondant aux questions ci-dessous. Cochez une réponse par question. Choisissez la réponse qui se rapproche le plus de votre comportement au cours de ces trois dernières années. Portez ensuite vos résultats dans les cases réservées à cet effet.

À quelle fréquence vous souvenez-vous d'avoir rêvé ?

	A	Rarement
	F	À intervalles irréguliers
✓	C	Une fois par semaine
	D	Une fois par mois tout au plus
	E	Tous les jours
	B	Lorsque je suis en vacances

Quelles situations favorisent la remémoration d'un rêve ?

	E	Dès que je me réveille
	D	Je sais que j'ai rêvé mais je ne sais plus de quoi
	C	Quand j'en ai envie
	A	Pendant un travail routinier ou un voyage
✓	B	Quand quelque chose d'autre m'y fait penser
	F	Quand je fais un rêve similaire

Comment préférez-vous dormir ?

	D	Dans l'obscurité complète ou dans une pièce relativement obscure
✓	C	Avec de la lumière à l'intérieur ou à l'extérieur de la maison
	B	Avec un interrupteur à portée de la main

Quelle est votre réaction quand vous manquez de sommeil ou quand vous êtes stressé ?

	D	Je dors 24 heures ou plus
	B	Je sommeille pendant la journée
	E	Je dors mal et me réveille fréquemment
✓	A	Je dors d'un sommeil lourd pendant 10 à 12 heures
	F	Je rêvasse beaucoup
	C	Je fais des rêves agités pendant plusieurs nuits

De quelle façon vous réveillez-vous d'habitude ?

	A	Je me réveille tous les matins à la même heure
	B	Je me réveille lorsque le réveil sonne
	C	Je me réveille à une heure différente chaque jour
✓	D	Il m'est difficile de changer l'heure à laquelle je me réveille
	E	Je peux me réveiller à l'heure à laquelle je veux
	F	J'ai toujours besoin d'un réveil-matin

Quelle est la qualité de votre sommeil ?

	A	J'ai le sommeil léger
	E	J'ai le sommeil lourd
✓	F	J'ai un sommeil moyen

somme rêverie

A	B	C	D	E	F
1	1	1	1		1

2	Additionnez le nombre de **A** et de **D** pour obtenir votre total "passif".
2	Additionnez le nombre de **B** et de **F** pour obtenir votre total "conditionnel".
1	Additionnez le nombre de **C** et de **E** pour obtenir votre total "actif".

B. Résultats. Analysez vos résultats selon le schéma qui suit. Ensuite, répondez aux questions ci-dessous.

Le résultat le plus élevé indique si la personne que vous êtes durant vos rêves a une dominante passive, conditionnelle ou active. Lisez la description (ci = dessous) et voyez dans quelle mesure elle correspond à votre personnalité à l'état de veille. (S'il n'existe aucune correspondance, vous êtes peut-être l'un des rares représentants du groupe de rêveurs qui font des rêves contraires, à moins que vous n'ayez nettement une personnalité de type Dr. Jekyll et Mr. Hyde !) Si vous avez obtenu le même résultat dans deux catégories, lisez les deux descriptions et voyez celle qui vous convient le mieux. Si vous obtenez le même résultat dans les trois catégories, vous êtes sans doute un rêveur conditionnel.

Le Rêveur passif

Il est à peine conscient de ses rêves et il peut être profitable pour lui d'apprendre à se les rappeler et à les comprendre. Le rêveur passif est matérialiste, il a une bonne maîtrise de soi, il aime aussi diriger et programmer les changements. Il est logique, appécie les plaisirs intellectuels et essaie d'éviter les conflits. Enfin, il est généralement très sensé et raisonnable.

Le Rêveur conditionnel

Il est conscient de ses rêves, mais n'en tient généralement pas compte. Il peut progresser en les notant. Le rêveur conditionnel a envie d'équilibre, est plutôt souple, aime n'en faire qu'à sa tête, résiste aux changements. Il est pragmatique, aime les plaisirs pratiques, essaie de neutraliser les conflits et il est généralement très inventif et dogmatique.

Le Rêveur actif

Il est très conscient de ses rêves et les utilise. Il peut progresser en recherchant son propre schéma de rêves. Le rêveur actif s'intéresse aux émotions et à tout ce qui y a trait, il est plutôt spontané, aime suivre des directives et s'adapte aux changements. Il a de l'intuition, aime les plaisirs sensuels, il tente de toutes ses forces de résoudre les conflits et il est généralement très romantique et imaginatif.

1. Quelle sorte de rêveur êtes-vous ? Etes-vous d'accord ou non avec votre profil de rêveur ? Quels éléments sont justes/faux ? Quel classement vous caractérise le mieux ?

2. Analysez le système du test. Quelles réponses semblent caractériser le profil du rêveur passif ? conditionnel ? actif ? Selon vous, est-ce qu'il y a un rapport logique entre les réponses aux questions et le profil ébauché ? Vous fiez-vous beaucoup aux résultats obtenus par un tel système ?

A vous la parole

Si vous pouviez changer quelque chose à votre personnalité, que serait-ce ? Décrivez une situation dans laquelle un trait de votre personnalité vous a causé des ennuis; si vous n'aviez pas eu ce trait de caractère, comment la situation aurait-elle évolué ?

Etape 2

Les rêves nous effraient, nous amusent, nous troublent... Voici des expressions que vous pouvez utiliser pour les raconter.

Outils

Pour raconter un rêve

Cette nuit, j'ai fait un rêve/un cauchemar bizarre.

> révélateur.
> insolite.
> troublant.
> rassurant.
> symbolique.
> effrayant.

Dans ce rêve, il s'agissait (d'amour).
Ce rêve concernait une fugue.

> liaison illicite.

Voilà ce qui s'est passé/est arrivé/s'est produit :...
Au début/(Tout) d'abord...
Ensuite/Puis/A mesure que le rêve se déroulait...
Tout d'un coup/Soudain...
A la fin/Finalement...
Quand je me suis réveillé(e), j'étais en sueur.

> apeuré(e).
> paniqué(e).
> agité(e).
> affolé(e)/anxieux(-se)/effrayé(e).
> très calme/rassuré(e)/soulagé(e).

Ce rêve symbolisait/révélait/exprimait la colère.
la joie.
la honte.
l'inquiétude.
le bien-être psychologique.
le trouble.
la culpabilité.
le désespoir.

Les mots pour le dire

A. Synonymes. Ajoutez un synonyme à chaque série.

1. la fuite, l'évasion, _____

2. l'amour, l'idylle, _____

3. la colère, la fureur, _____

4. l'agressivité, l'hostilité, _____

5. la confusion, le chagrin, _____

B. Associations. Quels sont les deux mots qui ont le sens le plus proche dans chaque série suivante ?

1. la culpabilité, l'impuissance, la crainte, la faiblesse

2. concrétiser, s'évader, accomplir, franchir

3. soulager, réconforter, se venger, visualiser

4. réagir, s'échauffer, régler, résoudre

5. se soucier, se maîtriser, se sentir, s'inquiéter

C. Quel sentiment ? Quel(s) sentiment(s) est(sont) suggéré(s) par les descriptions suivantes ?

1. la sensation d'être responsable d'un échec dont vous n'étiez pas l'acteur

2. le sentiment que tout le monde vous critique et vous trouve inapte

3. le sentiment que tout va bien, que vous n'avez aucun problème

4. le sentiment d'être toujours pressé(e), de ne pas pouvoir tout accomplir

5. le sentiment que rien ne va jamais changer, qu'on ne peut pas contrôler les événements dans la vie, qu'il n'y a pas d'espoir

D. Les rêves-types. Selon vous, que pourraient indiquer ces rêves-types ?

1. un rêve où les images se répètent sous des formes changeantes et sans solution

2. un rêve où vous connaissez l'identité des acteurs principaux, mais où ceux-ci agissent d'une façon insolite et difficilement reconnaissable

3. un rêve où vous parvenez à franchir un obstacle qui semblait insurmontable

4. un rêve où vous vous trouvez transformé(e)

Testez-vous (suite)

A. Les Symboles. Que signifient les éléments d'un rêve ? Essayez de donner une interprétation symbolique aux éléments suivants.

1. une guêpe et un moustique qui bourdonnent et piquent

2. une couleur vive

3. un état de paralysie

4. le feu

5. un oiseau

B. La Clé des rêves. Pour apprendre la clé des rêves, lisez le passage qui suit. Vérifiez les hypothèses formulées au cours de l'exercice précédent.

De quoi rêvez-vous ?

Accidents

Auto-punition. Le fait de s'inquiéter des accidents survenus à autrui cache de l'aggressivité à l'égard de ces personnes.

Parties de nous-mêmes, souvent des talents cachés.

Action

Tout ce qui se passe dans un rêve a été inventé par vous et vous en êtes totalement responsable.

Agression

Colère refoulée. Si cette colère se retourne contre vous, elle peut engendrer un sentiment de culpabilité inutile.

Animaux

Votre propre nature animale. Des associations de mots doivent parfois être prises en considération, par exemple, « nounours » peut indiquer le besoin d'une nounou.

Monter ou descendre

Vous voulez absolument connaître le succès.

Angoisse ou émotions

Lorsque ces émotions sont vécues sous forme de rêve, elles sont réellement sous-jacentes dans votre vie à l'état de veille.

Oiseaux

Imagination, liberté, désir d'évasion. Pour les hommes, leur partie féminine; pour les femmes, elles-mêmes.

Corps et parties du corps

Votre vision intérieure de vous-même; santé, maladie; gain, perte.

Caisses ou prisons

Restrictions/inhibitions intolérables.

Bâtiments

Vous, votre corps, la structure de votre vie, votre disposition d'esprit. Un étranger dans une maison représente une partie de vous que vous ne reconnaissez pas.

Catastrophes

La partie inconsciente de nous-mêmes qui désire un changement. Vous abandonnez peu à peu vos anciennes attitudes. Des drames vécus dans la réalité peuvent être revécus sous forme de rêve, ou bien susciter des rêves de bonheur, de soulagement ou de vengeance, selon vos besoins.

Grottes ou obscurité

Incertitude; besoin de sécurité.

Poursuites

Des conflits dus à l'opposition entre vos désirs et la peur de les voir se réaliser. Essayez de trouver une fin différente au rêve.

Horloges

Les besoins et états émotionnels de votre cœur.

Couleur

Vos émotions — fortes, dépressives, lumineuses, etc.

Conflits

Confusion, stress, chagrin; le besoin de prendre une décision qui n'est pas encore passé à l'état conscient.

Crimes

Très curieusement, il s'agit généralement de visualisations de vos propres émotions; à vous donc de les interpréter comme il convient.

Traversée

Des décisions satisfaisantes sont prises ou sont sur le point de l'être. Des collines peuvent symboliser des obstacles à la réalisation.

Mort

Votre propre mort symbolise un besoin momentané de repos et de recul. La mort d'un tiers symbolise de l'hostilité à l'égard de cette personne ou de cette partie précise de votre personnalité.

Chute

Crainte de s'adonner au plaisir. Peur de l'échec.

Feu

Passions, désirs, joie ou menaces et une certaine impuissance. Associations de mots — « langues de feu », etc.

Fleurs

Beauté, amour, tendresse.

Voler dans les airs

Désir d'évasion, de liberté, de soulagement.

Maladie

Besoin de repos, d'attention ou de reconnaissance.

Insectes

Quelque chose vous tourmente.

Voyages et transport

L'endroit où vous voulez aller et la façon dont vous voulez vous y rendre. La partie de vous-même qui désire se développer; par exemple, les voitures symbolisent votre sexualité; les bus, la vie sociale; les planeurs, vos idées; manquer un train, l'assurance que vous avez tout le temps.

Machines

Habitudes, routine, langage corporel.

Argent

Temps, énergie, amour, culpabilité, jalousie.

Paralysie

Conflit non-résolu entre la crainte et le désir.

Personnes

Il s'agit des personnes—même si vous vous sentez très proches d'elles; sinon, il s'agit de parties de vous-même, d'objets de valeur ou d'événements. Des personnes archétypales sont des parties de vous-même qui soit ont besoin d'être reconnues soit dominent votre personnalité : la mère, le père, un vieil homme ou une vieille femme sages représentent l'attention, la sagesse; une sorcière, un ogre, un monstre : la possessivité, l'oppression; un prince, une princesse, un jeune homme, une jeune fille : l'amour; un héros, une héroïne, une amazone, un chasseur : l'intellect; une prêtresse, un magicien, un ange : l'intuition et l'imagination; un bébé, Cupidon, un elfe, un nain : la sensualité, la sécurité; un soldat, un diable, un voleur : vos sentiments négatifs.

Lieux

Votre disposition d'esprit et vos comportements au moment où vous rêvez.

Ombres

Le côté le plus négatif de votre personne que vous n'avez pas encore accepté.

Odeurs et sons

Sensualité, envies, désirs ardents.

Temps

Le temps représente généralement votre âge dans le rêve.

Eau

Les besoins émotionnels. Généralement, un profond besoin de changement.

C. De quoi s'agit-il ? En utilisant le texte que vous venez de lire, essayez d'interpréter les rêves suivants.

1. Après avoir monté l'escalier, vous vous trouvez dans l'obscurité. Soudain, un essaim d'abeilles vous assaille.

2. Un crime violent, des lumières et des ombres, une chute.

3. Vous traversez un pont et soudain, vous êtes transformé(e) en oiseau.

4. A la suite d'un accident, on vous met en prison. Un gardien vous surveille.

5. Vous êtes cerné(e) par le feu; un prince vient à votre aide vous offrant des fleurs.

A vous la parole

Racontez un rêve. Racontez un rêve (réel ou inventé) à votre partenaire, qui en fera l'interprétation. Soyez précis(e) et détaillé(e) dans votre récit : quand et comment le rêve s'est-il produit ? Que s'est-il passé au début du rêve ? A la fin ? Comment vous sentiez-vous le lendemain ?

A vous la parole

Vous êtes psychanalyste... amateur. Un(e) client(e) vient vous voir pour vous parler d'un rêve troublant qui se répète et s'intensifie. Posez-lui des questions sur sa vie et son rêve pour en établir les rapports. Ensuite, conseillez-le/la en précisant ce qu'il/elle pourrait faire pour se débarrasser de ce rêve.

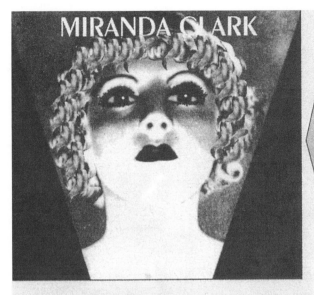

MIRANDA CLARK

**REGARDEZ BIEN CETTE FEMME !
ELLE SEULE PEUT VOUS AIDER...**
Par sa seule volonté, par son
pouvoir de vision divinatoire
unique au monde, elle vient
en aide aux plus défavorisés,
et leur montre le chemin pour
une vie meilleure !

— MIRANDA CLARK —
**VOYANTE EXTRA-LUCIDE
AU POUVOIR TRANSCENDANTAL**

Etape 3

Le symbolisme du rêve reste une science inexacte. Toutefois, les rêves et pire encore, les cauchemars, nous donnent des soucis et à l'occasion, nous effraient profondément. Que peut nous dire la recherche scientifique sur la cause et le traitement des cauchemars ?

Lexique

avoir une sensation	d'angoisse
	de douleur
ressentir	une douleur
	un malaise
se sentir	impuissant(e)
	oppressé(e)
cauchemarder	
faire une dépression/déprimer/être déprimé(e)	
il est souhaitable/désirable/essentiel de...	
l'inconscient (*m.*), l'inconscience (*f.*)	
s'échapper d'une situation/une échappatoire	
susciter/provoquer/occasionner/favoriser/produire un cauchemar	

Avant de discuter

Exprimez-vous. Que savez-vous déjà de l'inconscient ? des cauchemars ?
Répondez aux questions suivantes.

1. De quelles situations éprouvez-vous le besoin de vous échapper ? Quelles
   sont vos échappatoires préférées ?

2. Dans quelles situations êtes-vous mal à l'aise ? impuissant(e) ?

3. Qu'est-ce qui, selon vous, provoquerait un cauchemar ?

4. Y a-t-il un remède aux cauchemars ?

Lecture

Les vraies raisons des cauchemars

Cauchemar, ça veut dire quoi?

- Si aujourd'hui «cauchemar» se traduit par l'anglais "nightmare" (traduisez démon de la nuit), on employait à l'origine le terme "nightfiend" qui, quant à lui, s'emploie plutôt pour désigner un démon féminin de la nuit, une sorcière.

Pour en savoir plus

- «Le Cauchemar», du Dr Ernest Jones. (Ed. Payot).
- «Les Cauchemars de l'enfant», de Michel Ziotowic. (Ed. PUF).

Dans son sommeil, le dormeur est parfois victime d'un profond malaise qui se manifeste sous la forme d'idées, de choses, de personnes qui importunent, tourmentent. Tout ce que notre esprit peut imaginer de plus dangereux, de plus effrayant. On l'appelle cauchemar, et il s'impose sans crier gare! Peut-on le chasser ou bien doit-on s'en accommoder?

Cauchemar ou mauvais rêve?

Scénario classique : la personne dort paisiblement. Tout à coup, elle semble prise d'un profond malaise. Des ennemis menaçants l'entourent (hallucinations?) contre lesquels elle lutte, mais en vain. Elle aperçoit bien une échappatoire, mais elle ne peut l'atteindre. Soupirs, grognements, sons indistincts, grimaces: notre dormeur est décidément bien agité. Puis, tout à coup, il bondit. C'est signe que le cauchemar a atteint son intensité maximale. Son corps est re-couvert de sueur, les palpitations expriment sa grande anxiété.

- S'ensuit un brusque réveil souvent accompagné de sueurs et de palpitations. Il va maintenant falloir un bon moment à cette personne pour réaliser qu'elle est hors de danger, pour ôter l'épouvante de ses yeux, se calmer et s'allonger à nouveau afin de se rendormir paisiblement sans craindre le retour de ces ennemis menaçants.

Le cauchemar de l'enfant

- On le sait, le rêve de l'enfant est d'une grande simplicité comparé à celui de l'adulte. Qu'en est-il du cauchemar? D'après certains spécialistes, le cauchemar de l'enfant n'est ni plus ni moins qu'une perturbation du sommeil à placer à égalité avec l'énurésie par exemple, les terreurs nocturnes ou encore le somnambulisme.

- Cela dit, il importe de prendre au sérieux le récit de l'enfant et de l'écouter parler tout en le rassurant. Bien souvent, le cauchemar de l'enfant permet de mieux cerner l'objet de ses peurs. Mais ce n'est pas tout. Le lendemain, notre dormeur ressent parfois d'autres symptômes tels une impression de malaise, de lourdeur. Il déprime un peu, manque de confiance en lui, ressent des douleurs dans la tête et une faiblesse dans les jambes. Heureusement, ces réjouissances du lendemain ne sont pas systématiques.

- Pour nous résumer, voici donc les principales caractéristiques du cauchemar:

- Une peur intense;

- Un sentiment d'oppression qui empêche de respirer;

- L'impuissance, le sentiment d'être paralysé, de ne pouvoir s'enfuir, courir, lutter comme on le ferait à l'état d'éveil si on devait s'échapper d'une situation menaçante.

Mais qu'est-ce qui nous menace tant?

Du nain hideux à l'araignée géante en passant par le gouffre ou le pire fantôme de la nuit, notre imagination n'a pas fini de nous surprendre. Le cauchemar renferme tout ce que notre esprit peut imaginer de plus dangereux, de plus effrayant.

Y a-t-il une heure pour les cauchemars?

Inutile de dire que, dans ce domaine, bien des avis s'opposent. Pour les uns, les cauchemars seraient susceptibles de se produire principalement dans les deux ou trois premières heures du sommeil, ou bien alors le matin. Pour les autres, c'est dans la première moitié de la nuit que notre cauchemar s'impose. Pour d'autres encore, le cauchemar serait provoqué par un sommeil prolongé, commencé trop tôt (gros dormeurs, prenez garde!). Si vous êtes de ceux qui cauchemardent, observez donc l'heure à laquelle ils se produisent. Il n'y a pas de règle universelle dans ce domaine!

Des Facteurs favorisants

On s'est évidemment posé la question de savoir s'il y avait des éléments favorisant l'apparition du cauchemar. On admet depuis bien longtemps que les troubles gastriques ont pour effet de favoriser l'apparition des cauchemars.

- Pourquoi? En fait, c'est assez logique: réveillé, les brûlures gastriques ou les digestions difficiles donnent déjà une sensation de malaise, la nuit...

- Mais la nourriture n'est pas seule en cause. Sachez qu'une forte fièvre, ou même toute maladie intercurrente, peut a priori être source de cauchemars.

- **Quoi qu'il en soit, ces facteurs sont considérés comme secondaires. Le cauchemar est avant tout l'expression d'une angoisse et ce sont bien les causes de ces angoisses qu'il faut apprendre à maîtriser.**

- Mais qu'on se le dise: un cauchemar de temps à autre n'a jamais fait de mal à personne. Il n'y a pas lieu de s'en inquiéter tant que celui-ci ne se renouvelle pas toutes les nuits au point de perturber profondément nuit et jour la personne qui en souffre!
CYRIELLE WEBER

L'Avis d'un spécialiste: Jack Bourgeois

- ON SAIT QUE L'ANIMAL RÊVE. MAIS PAS FACILE DE SAVOIR À QUOI EXACTEMENT. POUR L'HOMME, LE RÊVE EST IMAGE ET PAROLE.

- *Dans quelle période du sommeil apparait le cauchemar?*

- C'est pendant la phase de sommeil paradoxale que l'activité du dormeur est la plus grande.

- *La signification du cauchemar?*

- Si le rêve doit permettre à certains désirs inconscients de s'exprimer, le cauchemar serait le refoulement de ces mêmes désirs, d'après les analystes, le dormeur craignant l'apparition d'un tel désir et développant—par défense—une angoisse qui le réveille.

- *Doit-on se préoccuper d'un cauchemar?*

- Tout dépend s'il s'agit d'un cauchemar qui revient régulièrement ou bien d'un cauchemar «occasionnel». Un cauchemar répété trop souvent pourrait perturber le sujet. Son insistance, sa répétition peuvent révéler un traumatisme vraisemblablement lié à l'image du corps. Il peut même s'agir d'anciennes peurs, de peurs infantiles qui se manifestent encore.

- Si le cauchemar est un mode d'expression, il est souhaitable qu'il puisse s'adresser à quelqu'un (parents ou autres) afin que se résolve l'angoisse. Administrer des calmants, c'est baillonner la parole. Elle rebondira sous la forme d'un autre symptôme plus grave, peut-être, qu'un cauchemar.

- *Et l'enfant, comment peut-on le rassurer?*

- L'enfant cherche à savoir ce qu'est le monde extérieur (ce que font ses parents, ce qu'il est lui-même...). Il se pose également des questions sur son monde intérieur. Lorsqu'il fait un cauchemar, il exprime lui aussi une angoisse. Mieux vaut recevoir le cauchemar d'un enfant comme un cadeau—sorte de conte désagréable sûrement, mais favorisant la communication—que comme un objet néfaste à rayer tout de suite ou à railler d'emblée.

Discussion/Activités

A. Les faits. Répondez aux questions en vous appuyant sur le texte.

1. Quelles sont les caractéristiques principales du cauchemar ? Classez-les selon le schéma suivant.

Sentiments/Emotions	Troubles physiques	Mouvements/Bruits

2. Quand les cauchemars se produisent-ils ?

3. Quels facteurs favorisent un cauchemar ?

4. Doit-on s'inquiéter si l'on fait un cauchemar ?

5. Comment doit-on répondre au cauchemar d'un enfant ?

B. Un cauchemar... devenu réalité. On emploie le mot « cauchemar » pour désigner une situation angoissante de la vie. Décrivez une situation « cauchemardesque » qui vous est arrivée. (*Ou :* Qu'est-ce qui, pour vous, représenterait une situation cauchemardesque ?)

C. L'inconscient. Quel rôle attribuez-vous à l'inconscient ? Est-il plutôt actif ou passif ? Dans le passé, pouvez-vous choisir une situation où votre inconscient a influencé vos actions ?

D. Messages de l'inconscient. Bien que ce test ne soit pas scientifique, il pourrait vous aider à mieux vous connaître : que signifient ces taches d'encre pour vous ? Donnez libre cours à votre imagination; ensuite, analysez les résultats selon le schéma donné. Etes-vous d'accord avec le portrait dressé ? Qu'est-ce qui est juste ? faux ? Que pensez-vous de la méthode ? Discutez-en avec la classe.

Des messages de votre inconscient

Pour obtenir ces taches, on a étalé de l'encre sur une feuille de papier qui a ensuite été pliée en deux. Plus tard, vous pourrez réaliser vos propres taches d'encre, si vous en avez envie. Ce que vous voyez en regardant ces taches, vous donnera de nombreuses indications sur la face cachée de votre Moi. Rien que par l'observation de ces taches, vous pouvez entrer en contact avec votre Moi profond.

Examinez chaque tache séparément et notez ce à quoi elle vous fait penser. Utilisez à cet effet le tableau à la page 41. S'il arrive qu'une tache ne vous parle pas tout de suite, passez-la et revenez-y plus tard. Laissez aller votre imagination sans vous forcer; vouloir trouver à tout prix a, en général, un effet très inhibant. Donnez libre cours à votre imagination. IL N'Y A PAS DE BONNES OU DE MAUVAISES IDEES ET VOS AMIS PEUVENT Y APERCEVOIR AUTRE CHOSE QUE VOUS.

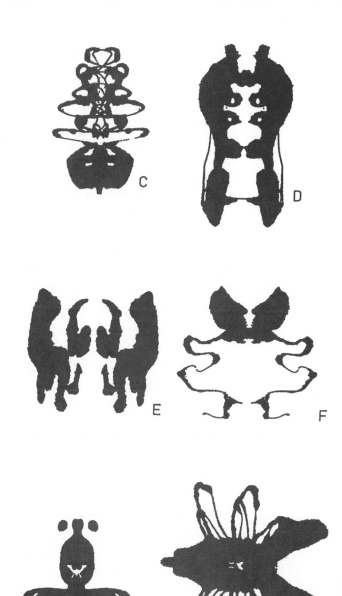

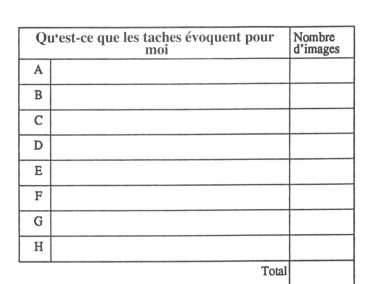

Qu'est-ce que les taches évoquent pour moi	Nombre d'images
A	
B	
C	
D	
E	
F	
G	
H	
Total	

Combien d'idées différentes avez-vous eues en tout ?
Comptez-les. Plus de 16 ? Vous avez une imagination très fertile.
De 8 à 15 ? Vous avez de l'imagination. De 4 à 8 ? C'est un résultat
honorable. Essayez de refaire le test avec vos propres taches. Un
résultat inférieur à 4 signifie que votre inconscient n'est pas facilement accessible; vous êtes peut-être un peu nerveux.

Quels genres d'images votre inconscient vous a-t-il envoyés ?
Inscrivez ci-dessous le nombre de fois que les thèmes suivants sont
apparus dans votre liste (ci-dessus).

Squelettes ou autres cadavres. Objets immo-
biles. Maladies, infirmités ou déchéances.
Catastrophes, guerres, tragédies, monstres.

Si la plupart de vos images tournent autour de ces sujets, vous êtes
plutôt négatif ou pessimiste. Vous avez peut-être besoin d'un exu-
toire comme l'écriture, le chant, la danse, le sport ou l'art dramatique.
Sortez et faites-vous des amis avec qui vous pourrez partager vos
angoisses.

Animaux, personnes, plantes, êtres vivants.
Objets en mouvement ou en action. Santé,
amusement, humour, croissance, amour. Fantasmes, rêves, nourriture et boisson.

Si la plupart de vos images tournent autour de ces sujets, vous êtes
positif et optimiste. Vous aimez la vie et ne laissez pas vos angoisses
et vos ennuis vous déprimer très longtemps. Vous arrivez toujours à
trouver de nouveaux centres d'intérêt.

N'oubliez pas d'ajouter les nouvelles expressions que vous avez apprises dans
ce chapitre à votre lexique personnel.

Lexique personnel

_____   _____
_____   _____
_____   _____
_____   _____
_____   _____
_____   _____

CHAPITRE

4

L'Identité

De quels éléments votre identité est-elle composée ? Qu'est-ce qui a influencé son développement ? Par quels signes exprimez-vous cette identité : votre façon de vous habiller ? la musique que vous préférez ? Parlons-en.

Interview avec Mme R., professeur de français habitant à Evanston, dans la banlieue de Chicago, la quarantaine. Regardez les questions posées à Mme R. Puis, écoutez l'interview une fois en prenant des notes. Ecoutez encore une fois et répondez aux questions de l'exercice.

1. Est-ce que tu pourrais me parler un peu de tes origines ethniques, culturelles...
   Notes :
   • Complétez la formule de Mme R. :
     Je dirais que je suis _____ français et _____ polonais, d'après les origines ou la vie _____ .

2. Alors, avec quelle culture est-ce que tu t'identifies ?
   Notes :
   • Quelle expression est-ce que Mme R. utilise pour renforcer son affirmation ?

3. Est-ce que tu gardes quand même des traditions polonaises ou des souvenirs de la culture polonaise dans ta vie ?
   Notes :
   • Pourquoi est-ce que Mme R. ne garde pas de traditions polonaises ?

4. Est-ce que ton père a eu des difficultés à s'assimiler à la culture française ?
   Notes :
   • Pourquoi est-ce que le père de Mme R. avait des difficultés au début de son séjour en France ?
   • Complétez la phrase suivante en utilisant l'expression de Mme R :
     Les Français ont toujours un peu de _____ vis-à-vis des étrangers.

5. Et alors, au Canada, avec quelle communauté ou avec quelle culture est-ce que tu t'es associée ou tu t'es identifiée ?
   Notes :
   • A quel moment est-ce que la famille de Mme R. s'est installée au Canada ?
   • Pourquoi est-ce que la famille de Mme R. ne voulait pas s'associer avec la communauté francophone au Canada ?
   • Comment est-ce que Mme R. a caractérisé la communauté francophone à Ottawa ?

6. Parlons un peu de la culture américaine et de la culture française. Est-ce que tu vois des points communs entre la culture américaine et la culture française ou plutôt des différences ?
   Notes :
   • Selon Mme R., pourquoi est-ce que la culture américaine et la culture française se ressemblent ?
   • Qu'est-ce qui explique en grande partie les différences ?
   • Quel exemple précis est-ce qu'elle donne ?

7. Est-ce que tu juges une personne par sa façon de parler, par sa façon de s'habiller...
   Notes :
   • Est-ce que les jugements de Mme R. sont pour la plupart justes ?

8. Finalement, est-ce que tu changes de comportement selon le groupe avec lequel tu t'associes ?
   Notes :
   • Comment est-ce que le comportement de Mme R. change selon le pays où elle se trouve ? À quel niveau s'opèrent ces changements ?

Etre français, qu'est-ce que cela veut dire ? Est-ce avoir la citoyenneté française ? Faut-il également parler français, pratiquer (ou ne pas pratiquer) une certaine religion, porter (ou éviter de porter) certains habits ?

Lexique

les Africains : les Sénégalais, les Camerounais, les Ivoiriens, les Zaïrois, etc.

l'attitude (*f.*) optimiste/pessimiste/ouverte/fermée/prudente envers...

le comportement/l'habitude (*f.*)

la culture majoritaire/minoritaire

l'esprit (*m.*) ouvert ≠ borné

l'étranger(ère)

être engagé(e) politiquement

l'intégration (*f.*) culturelle

intégriste

les Maghrébins : les Algériens, les Tunisiens, les Marocains

la politique

la problématique

la tradition = la coutume (ethnique, régionale, folklorique)

la vie aisée/modeste

la xénophobie/le racisme

Outils

Pour décrire la manière dont on fait une action

Il s'est exprimé *clairement* et *logiquement* sur le sujet des immigrés en France. Ces musiciens sont engagés *politiquement*. Ils parlent *intelligemment* (= *d'une façon intelligente*) et *élégamment* (= *d'une façon élégante*) de la peur de l'étranger en France.

Le débat sur l'intégration culturelle s'est déroulé *poliment*.

Sur le plan/niveau politique, ils sont *intégristes*.

Je parle *bien* français mais je me suis *mal* exprimé.

J'apprends les langues { *plus* / *aussi* vite en habitant dans un pays étranger. / *moins* }

J'apprends *mieux* quand on me parle naturellement.

J'apprends *en parlant/en écoutant*.

Les mots pour le dire

A. Dérivations. Remplissez la grille suivante en mettant le mot dérivé demandé.

Substantif	Adjectif	Verbe
majorité	*majoritaire*	
xénophobie	xénophobe	
comportement		se comporter
minorité	*minoritaire*	
problème	problématique	
région	*régional*	
habillement		s'habiller
politique	politique	

B. Elaborez. Faites un « mini-portrait » des personnes suivantes. Dans le domaine social ou politique, comment pensent-elles ?

    MODELE : une personne qui est engagée politiquement

Cette personne organise des manifestations. Elle écrit des lettres aux journaux pour ou contre une question politique, par exemple, les lois concernant l'immigration. Elle fait du bénévolat, travaillant aux restaurants du cœur, etc.

1. un xénophobe
2. quelqu'un avec l'esprit borné
3. quelqu'un avec une attitude ouverte
4. un intégriste

C. Paraphrases. Donnez une paraphrase des expressions en italique, en utilisant un adverbe ou une expression adverbiale.

1. Elle a combattu *d'une façon violente* contre la nouvelle politique.
2. Ils sont très engagés *sur le plan intellectuel*.
3. *Personnellement*, je n'ai rien contre les étrangers.
4. Il me l'a expliqué *d'une façon très nette*.
5. Tu crois à la plate-forme de cet homme politique *en toute sincérité ?*

D. Lettres. Lisez ces lettres extraites du « Courrier des lecteurs » d'un journal national français. Ensuite faites un résumé de l'argument de l'auteur de chaque lettre : est-il pour ou contre l'immigration ? Pourquoi ? Quelle solution propose-t-il ? Où est-ce que ces auteurs se situent dans la gamme politique (gauche—centriste—droite) ? Entend-on les mêmes arguments pour ou contre l'immigration dans ce pays ?

En 2050, selon le réseau d'information des Nations unies pour la population, 57% de la population mondiale sera asiatique, 22% africaine, 13% sud- et nord-américaine, 8% européenne. L'ONU propose une politique d'immigration massive en Europe, pour pallier la baisse importante de la natalité. Une telle politique condamnerait les peuples européens à disparaître, en devenant minoritaires chez eux. La seule politique légitime pour enrayer le déficit démographique de l'Europe consiste dans une grande politique familiale et nataliste.
T.C.
78000 Versailles

Une fois de plus, les hommes politiques de droite ne semblent pas comprendre la révolution que nous sommes en train de vivre. Ils nous servent tout le temps les mêmes critiques contre l'immigration: perte de l'identité de notre pays, démographie insuffisante, etc. Nous sommes en 2000 et l'Europe se fait. Le monde s'ouvre de plus en plus pour notre plus grand bien économique. Même si au passage, certains secteurs souffrent, cette évolution est globalement positive.
M.C.
92100 Boulogne

Il existe des musulmans évolués, sans tendances dominatrices, et avec lesquels on peut s'entendre: j'en connais parmi mes collègues. Mais on ne peut nier qu'une majorité des musulmans ont une culture différente de la nôtre et qu'ils cherchent à imposer l'Islam. Face à cette réelle et lourde menace, il convient d'ouvrir d'urgence un débat national sur l'immigration, où les Français pourront s'exprimer librement en vue de préserver leur précieuse identité et de demeurer maîtres de leur destin.
J.E.
42000 Saint-Étienne

E. Expliquez. Voici le slogan de deux organismes. Quelles sont les croyances de leurs adhérents ? Quel est leur but ?

F. Exprimez-vous. Discutez des questions suivantes.

1. A quelle culture vous identifiez-vous ? Quels sont les rapports entre votre culture et la culture majoritaire ? Et les différences ? Y voyez-vous des rivalités irrémédiables ?

2. Quels sont les points communs entre la culture américaine et la culture française ? Et les grandes différences ? Ces différences créent-elles des conflits ?

3. Quelle est l'origine des préjugés à l'égard des cultures minoritaires ? Envisagez-vous des solutions ?

4. Pensez-vous que les immigrés menacent ou enrichissent la culture majoritaire de ce pays ? Comment ?

5. Votre famille a-t-elle immigré dans ce pays ? Quand ? Pourquoi ? A-t-elle réalisé son but en immigrant ?

Testez-vous

A. Cultures. Connaissez-vous bien les cultures régionales de la France ? Passez ce petit test en choisissant la réponse qui convient.

1. En France, de quel pourcentage d'immigrés la population est-elle composée ?
   a. 8 %   b. 12 %   c. 16 %   d. 20 %

2. Et dans la région parisienne ?
   a. 8 %   b. 12 %   c. 16 %   d. 20 %

3. Quel est le plus important groupe d'immigrés en France ?
   a. les Vietnamiens   b. les Antillais   c. les Maghrébins   d. les Portugais

4. Quel pourcentage de la population pense qu'il y a trop d'immigrés ?
   a. 20 %   b. 30 %   c. 40 %   d. 50 %

5. Quel pourcentage des immigrés est au chômage ?
   a. 20 %   b. 30 %   c. 40 %   d. 50 %

A vous la parole

Organisez un débat vis-à-vis de la question de l'identité chez les immigrés. D'abord, divisez la classe en trois groupes. Le premier groupe insistera sur le besoin de l'assimilation linguistique et culturelle de l'immigré. Le deuxième groupe défendra le droit de maintenir une identité distincte de la culture majoritaire. Le troisième groupe formera le jury, qui posera des questions pour préciser les arguments et qui prendra la décision finale : quel groupe aura présenté les arguments les plus convaincants ?

Etape 2

Les jeunes essaient de cultiver leur propre identité. Quels en sont les signes ? Comment ces signes reflètent-ils les attentes et les soucis de ce groupe ? Parlons-en.

Lexique

aspirer à/l'aspiration (*f.*)

avoir de bonnes/mauvaises notes

le chômage/être au chômage

conservateur(-trice)/libéral(e)/radical(e)

le copain/la copine

desespérer/le désespoir

la drogue/le/la toxicomane/se droguer/le/la drogé

espérer/l'espoir (*m.*)

être BCBG/grunge/facho/gothique/zonard

être branché(e)/câblé(e)

les études (universitaires, techniques)

la façon de parler/le dialecte/l'accent (*m.*)/le langage

le hip-hop, le raï, le rap, le rock

le mec/la nana

obtenir un diplôme

le piercing/se faire percer

réussir à/échouer à

le SIDA

s'habiller en/l'habillement

le tatouage/se faire tatouer

Les mots pour le dire

A. Définitions. Complétez les phrases suivantes avec l'expression appropriée de la liste ci-dessus.

1. Après avoir fini les études, on...

2. Si on ne travaille pas, on...

3. Une personne qui se drogue tous les jours est une...

4. Une maladie qu'on peut attraper par le contact intime est...

5. Un habitant de la « zone », la proche banlieue de Paris, c'est...

6. Si on est très pessimiste, on peut tomber dans le...

7. Un genre de musique influencé par les sons du Maghreb est le...

B. Le verlan. Le verlan, un argot qui est populaire surtout chez les jeunes, consiste à inverser l'ordre des syllabes d'un mot : laisse *béton* = laisse *tomber*. Que veulent dire les mot suivants ?

1. tromé

2. chébran

3. beur

4. meuf

5. setkas

Existe-t-il un code linguistique chez les jeunes dans ce pays ?

C. Identifiez. Identifiez les personnes suivantes. A quel groupe appartiennent-elles : BCBG, facho, gothique, etc. Comment le savez-vous ? Par leur identification avec ces groupes, quelles valeurs ou croyances expriment-elles ?

D. La culture des jeunes. Voici un extrait d'une bande dessinée qui s'appelle Nicotine Goudron. A quelle classe sociale appartiennent ces jeunes ? Comment le savez-vous ? Que révèle cette bande sur l'attitude des jeunes envers l'avenir ? Existe-t-il une situation comparable dans ce pays ?

E. Exprimez-vous. Répondez aux questions suivantes.

1. Reconnaissez-vous des groupes distincts parmi les jeunes dans ce pays ? Quels en sont les signes d'identité ? Quelles opinions tiennent-ils ? Font-ils des contributions positives à la société ?

2. Quels problèmes les jeunes confrontent-ils actuellement ? Les jeunes, sont-ils engagés politiquement ou plutôt passifs face à ces problèmes ?

3. Etes-vous optimiste ou pessimiste concernant l'avenir du pays et du monde? Expliquez les facteurs qui influencent votre attitude.

4. Quels sont les signes de votre identité personnelle ? Adhérez-vous à un groupe qui exprime vos valeurs et vos espoirs ? Ou êtes-vous plutôt individualiste ? Comment exprimez-vous votre individualité ?

5. La musique que vous appréciez, comment exprime-t-elle votre identité ? Vous identifiez-vous à un personnage dans un film, un roman ou une émission à la télé ?

A vous la parole

Faites un sondage chez plusieurs personnes plus âgées que vous. Quand elles étaient jeunes, avec quel groupe social/politique/religieux, etc. s'identifiaient-elles ? Comment exprimaient-elles cette identité (par leurs habits, leurs activités, etc.) ? Leur identité, a-t-elle évolué ? Comment ? Présentez vos résultats à la classe.

Barbie, souvent considérée comme porte-drapeau de l'« American way of life », a fêté son quarantième anniversaire en 1999. Dans l'interview ci-dessous, le créateur de Barbie parle du rôle de cette poupée-mannequin sur la construction de l'identité féminine.

Lexique

les armes	le mannequin
brouiller les cartes	la masculinité
la féminité	la mentalité
la fillette	la poupée
gynécococentrique	la poupée-poupon

Préparation à la lecture

A. Exprimez-vous. Répondez aux questions suivantes.

1. La plus grande partie de la clientèle pour Barbie aujourd'hui, ce sont les filles de six à dix ans. Quels étaient vos jouets préférés à cet âge ? Voyez-vous maintenant un rapport entre ces jouets et votre formation ? votre caractère ?

2. Y a-t-il des jouets avec lesquels vos parents ne vous permettaient pas de jouer ? Lesquels ? Pourquoi ? Avaient-ils raison ?

3. Un journaliste français déclare que Barbie est « américaine jusqu'à la caricature dans son mode de vie. » A-t-il raison ? Considérez le mode de vie que Barbie représente. Quelle est sa classe sociale ? Qu'est-ce qu'elle fait ? Qu'est-ce qu'elle ne fait pas ?

4. A votre avis, pourquoi est-ce qu'on achète plus de Barbie que de Ken ?

B. Interview. Si vous aviez l'occasion d'interviewer une spécialiste de civilisation américaine au sujet de son livre sur Barbie, quelles questions lui poseriez-vous ? Comparez vos questions à celles des autres étudiants.

C. Les questions. Parcourez l'article pour voir de quels sujets et questions Hanquez-Maincent traite dans l'interview. Ces sujets ressemblent-ils à ceux que vous avez désignés ?

Lecture

Marie-Françoise Hanquez-Maincent, spécialiste de civilisation américaine (université Paris VIII)

Une féministe attardée, incapable de penser sa féminité

On reproche à Barbie d'enfermer la fillette, donc la femme, dans un idéal inaccessible de féminité trop parfaite. Les choses, dites-vous, sont plus compliquées qu'il n'y paraît.

—C'est vrai, la perfection esthétique de Barbie est agaçante pour les femmes, auxquelles elle renvoie une image chimérique. Mais il ne faut pas s'arrêter à cette seule dimension. Barbie a d'autres caractéristiques. C'est une célibataire, émancipée et financièrement autonome, qui gagne sa vie. Détail important: elle n'établit aucun lien entre féminité et maternité. D'une certaine manière, elle représente la femme moderne qui force les bastions masculins. Barbie réalise une alliance paradoxale entre les rôles féminins traditionnels et la modernité de la femme au travail, maîtresse de son corps, autonome et sachant parfaitement ce qu'elle veut. Toutefois, les codes esthétiques—et singulièrement ce rose omni-présent—brouillent les cartes et rendent le message un peu confus.

—Barbie n'interpelle pas seulement la femme. Elle entre aussi en concurrence avec la mère.

—La gêne qu'éprouvent les mères tient aussi au trouble que la poupée jette dans le couple fusionnel mère-fille. Barbie n'est ni maternelle, ni enfantine. Avec elle, la fillette joue à la femme et, symboliquement, dépossède sa mère de son identité maternelle. En jouant, elle n'est plus une petite fille mais une femme. Ce n'est pas la même chose.

—En France, où Mattel a dû patienter 10 ans avant d'imposer sa poupée, le terrain n'a pas toujours été favorable. Venue des Etats-Unis, Barbie a-t-elle souffert d'une forme d'antiaméricanisme?

—Barbie exprime des valeurs typiquement américaines auxquelles nous ne sommes guères sensibles, en France. Aux Etats-Unis, réussir, c'est être riche, beau, populaire et passer son temps à s'amuser. Barbie cadre parfaitement avec cette vision des choses qui nous est étrangère. Au début des années 60, les mères françaises n'étaient pas prêtes à mettre un tel objet entre les mains de leurs filles. De plus, il s'agissait d'une poupée chère et dont la diffusion était restreinte. Après mai 68, les mentalités ont sans doute changé et la poupée de Mattel a évolué.

—En jouant, l'enfant construit sa personnalité. Quel rôle joue une poupée-mannequin?

—Fondamentalement, Barbie est un premier outil de construction d'identité féminine. Entre autres choses, elle oblige à admettre qu'il existe une sexualité enfantine. Il faut considérer comme le support de cette sexualité psychologique. Elle aide la fillette à gérer des sentiments impulsifs, lui permet de s'émanciper de son statut d'enfant. La poupée-mannequin avec laquelle les enfants jouent lorsqu'ils sont en compagnie d'un autre enfant est complémentaire de la poupée-poupon que la fillette utilise plus fréquemment lorsqu'elle est seule, comme le soulignent des études américaines. Celles-ci montrent également que l'enfant a tendance à être autoritaire, voire agressif, avec la poupée-poupon. Or les jeux sont plus créatifs avec une poupée-mannequin.

—Bref, selon vous, Barbie n'est pas le symbole de la femme-objet, mais bel et bien une militante féministe?

—Lorsque mes filles étaient petites, j'ai fait de la résistance pour qu'elles n'aient pas de Barbie. Finalement, je l'ai tolérée à la maison. Plus tard, je me suis interrogée sur les sentiments que l'on peut éprouver à l'égard de cette poupée fascinante malgré ses aspects irritants. Oui, Barbie est une féministe. Mais je dirais qu'elle est une féministe attardée car, dans son univers gynécocentrique elle est incapable de penser sa féminité en associant les éléments masculins. Regardez comme pauvre Ken est effacé! Barbie est une femme dominante qui asseoit son pouvoir sur les autres. C'est une carriériste qui utilise les mêmes armes que les hommes.

Propos recueillis par Jean-Michel Normand

Discussion/Activités

A. Compréhension. Répondez aux questions suivantes.

1. En quoi Barbie est-elle traditionnelle et moderne en même temps ?

2. Selon Hanquez-Maincent, qu'est-ce qui signifie la réussite aux Etats-Unis ?

3. Pourquoi et comment la mentalité française aurait-elle changé après mai 1968 ?

4. Quel rôle joue Ken dans l'univers de Barbie ?

B. En détail. Expliquez en français ce que veulent dire ces mots et concepts, selon leur emploi dans l'article :

• financièrement autonome

• gérer ses sentiments impulsifs

• une féministe attardée

• une carriériste

C. A votre avis. Avec un partenaire, dressez des listes de jouets selon les qualités suivantes. Puis comparez vos listes avec celles d'un autre groupe.

Jeux créatifs	Jeux aggressifs	Jeux traditionnellement féminins	Jeux traditionnellement masculins

D. Débat. Formulez vos arguments pour ou contre en équipes afin de débattre une des questions suivantes :

• Barbie, exerce-t-elle une bonne ou une mauvaise influence sur l'identité des filles ?

• Est-ce qu'il faut de différents jouets pour les filles et les garçons ?

E. La concurrence. Avec votre équipe de marketing, proposez une poupée qui représente les valeurs que vous considérez importantes. Donnez-lui un nom, une description physique et des accessoires qui représentent ses activités et goûts. Faites une présentation convaincante au groupe entier.

N'oubliez pas d'ajouter les nouvelles expressions que vous avez apprises dans ce chapitre à votre lexique personnel.

Lexique personnel

_____   _____

_____   _____

_____   _____

_____   _____

_____   _____

_____   _____

CHAPITRE

5

L'avenir : prometteur ou redoutable ?

*Pour certains, l'avenir signifie avances techniques,
élargissement de nos connaissances, espoir. D'autres sont
moins optimistes : ils prévoient un avenir beaucoup plus
redoutable, où le gaspillage des ressources naturelles, la
violence et la maladie vont entraîner un déclin inévitable de
la qualité de vie. Quelle sorte d'avenir envisagez-vous ?
Parlons-en...*

Interview avec Pascale, Parisienne, étudiante qui prépare sa maîtrise dans une université américaine, animatrice à la Maison française. Regardez les questions posées à Pascale. Puis, écoutez l'interview une fois en prenant des notes. Ecoutez encore une fois et répondez aux questions de l'exercice.

1. Quand tu penses à l'avenir, es-tu plutôt optimiste ou pessimiste ?
   Notes :
   • Pascale est plutôt _____.
   • Quels sont ses espoirs pour l'avenir ?
   • Quelles sont ses réserves ?

2. Comment sera la vie des enfants ?
   Notes :
   • Comment seront les jouets ?

3. Qu'est-ce que tu pourrais faire pour gaspiller moins ou pour conserver plus ?
   Notes :
   • Nommez trois choses que Pascale et les autres pourraient faire, selon elle, pour conserver.
      a. _____
      b. _____
      c. _____

4. Tu as l'impression que les Français gaspillent moins que les Américains ?
   Notes :
   • A quoi les Français font-ils attention et pourquoi ?

5. On dit parfois que c'est à cause des difficultés de l'époque de la Deuxième Guerre mondiale que les Français de la génération de nos parents, nos grands-parents savent conserver...
   Notes :
   • Qu'est-ce que la grand-mère de Pascale garde et conserve ?

6. Tu crois que les efforts du gouvernement sont efficaces dans le domaine écologique ?
   Notes :
   • Qu'est-ce qui empêche les gens de recycler en France ?

7. Tu as des observations sur le recyclage ici ?
   Notes :
   • Qu'est-ce qu'on fait à la Maison française pour recycler ?

8. Pourquoi certaines personnes ne font-elles pas d'effort pour recycler ?
   Notes :
   • Quelles deux raisons Pascale donne-t-elle ?
   • En quoi sa réponse reflète-t-elle l'optimisme exprimé au début de l'interview ?

Etape 1

Les ressources de la Terre ne sont pas inépuisables. Qu'est-ce qu'on peut faire pour protéger l'environnement pour nous et les générations futures ? Pour pouvoir en parler, étudiez le vocabulaire suivant.

Lexique

la conservation/la protection ≠ le gaspillage/la perte

conserver/protéger/mettre en réserve ≠ gaspiller/perdre

l'écologie (*f.*)/l'écologiste (*f.*)/les « verts »

les déchets

l'environnement (*m.*)

l'effet de serre (*m.*)

les forêts tropicales (*f.*)

les hydrocarbures/l'ozone (*m.*)

l' ozonosphère (*f.*)

la pollution : de l'eau, de l'air

polluer/les polluants

le recyclage

le surpeuplement

le taux de naissance

Pour parler des événements futurs et de leurs conséquences, les expressions suivantes vous seront utiles.

Outils

Pour parler du futur

Je *vais* sûrement *conduire* moins pour économiser de l'essence.

Notre avenir *sera* triste si nous ne préservons pas nos ressources naturelles dès aujourd'hui.

Quand
Lorsque } nous *aurons atténué* la pollution, l'effet de serre *disparaîtra*.

Après avoir réduit le taux des carburants dans l'air, nous *pourrons* mieux respirer.

Si la pollution dans les villes s'accroît, l'air *deviendra* irrespirable.

Pour parler des intentions et des conséquences

Nous devrons utiliser l'essence sans plomb *de sorte que* le taux des carburants dans l'air soit réduit.

Je fais tout *pour* recycler le papier et le verre.

Les villes devraient prendre des mesures *pour que* la circulation routière soit limitée.

Les mots pour le dire

A. Mots dérivés. Remplissez la grille en ajoutant le substantif dérivé des infinitifs suivants.

Infinitif	Substantif
protéger	*protection*
gaspiller	*gaspillage*
perdre	*perdition, perte (n.)*
recycler	*recyclage*
surpeupler	*surpeuplement*
naître	*naissance*
conserver	*conservation*
polluer	*pollution*
mettre en réserve	*réservation (réserve)*

Maintenant, créez un auto-collant en utilisant ces mots :

MODELE : Le problème = le gaspillage; la solution = le recyclage

B. Une bande dessinée. Jean-Pierre Dupont s'est transformé en « Anti-Gaspi » le « Super-Ecologue ». Que fera-t-il pour changer sa façon de vivre ? Complétez les débuts de phrases donnés.

Au lieu de tout jeter à la poubelle, je recyclerai tout : le papier, le verre, les boîtes en aluminium, l'huile et les piles.

MODELE : Au lieu de tout jeter à la poubelle, je recyclerai tout : le papier, le verre, les boîtes en aluminium, l'huile et les piles.

1. Au lieu de conduire beaucoup... *je marcherai*
2. Au lieu de surchauffer... *je porterai un chandail*
3. Avant, j'achetais toujours des produits bien emballés; à l'avenir,... *j'utiliserai des emballages recyclables. j'achèterai des produits sans*

4. Autrefois, je chauffais la maison à l'électricité; maintenant, je...

5. Avant, je ne faisais pas attention à l'origine des produits; désormais, je...

C. Conséquences. Quelle(s) est(sont) la(les) conséquence(s) des actions/ situations suivantes ? Que pourrait-on faire pour y remédier ?

1. Un agriculteur décide d'utiliser un pesticide pour protéger sa récolte contre une invasion de sauterelles. Sa ferme est située près d'un ruisseau.

2. Une grande société décide d'abattre une forêt où il y a des animaux en voie de disparition.

3. Un pays décide de limiter les naissances à un enfant par famille.

4. Malgré la prohibition mondiale contre la chasse aux baleines, certains pays refusent d'y renoncer.

5. Une industrie sidérurgique menace de fermer son usine dans une région où le taux de chômage est élevé, à moins que la ville n'allège les restrictions contre les émissions toxiques. La ville cède aux exigences de cette compagnie.

D. Une campagne écologique. Que diriez-vous à votre ami « Gaspi-Tout » pour le convaincre d'avoir une vie plus « verte » ? Si possible, utilisez les expressions à la page 60.

> **MODELE :** Il laisse couler l'eau pendant qu'il se lave les dents.
> **VOUS :** « Tu te rends compte de la quantité d'eau que tu gaspilles en laissant couler l'eau comme ça ? Il vaudrait mieux fermer le robinet quand tu n'en as pas besoin. »

1. Il veut acheter une voiture de sport.

2. Il conduit pour se rendre à son travail.

3. Il achète des rasoirs en plastique.

4. Il fait hurler sa chaîne-stéréo.

5. En se promenant dans les forêts, il cueille les fleurs qu'il trouve jolies.

E. Une annonce à la radio. Par groupes de deux, inventez une annonce pour éveiller l'attention du public sur les dangers de la pollution, du surpeuplement ou d'un autre problème qui menace la terre. Décrivez la situation, proposez des solutions et inventez un slogan. Présentez votre annonce à la classe et choisissez la meilleure, selon des critères convenus par la classe.

> **MODELE :** « Certains automobilistes qui font leur vidange eux-mêmes croient bien faire en brûlant leurs huiles de vidange. Ce qu'ils ne savent pas, c'est qu'en brûlant, elles dégagent des fumées dangereuses contenant du plomb qui vont polluer l'air que nous respirons. L'huile usagée, il ne faut ni la brûler, ni la jeter, mais l'amener aux professionnels de l'automobile aux garages et stations-service. Protégez l'environnement, tout le monde en profitera. »

F. Exprimez-vous. Répondez aux questions suivantes.

1. Quand vous pensez à l'avenir, êtes-vous plutôt optimiste ou pessimiste ? Expliquez votre attitude.

2. Comment envisagez-vous la terre dans cent ans ? Sera-t-elle plus ou moins polluée ? Sera-t-elle plus verte ? Comment sera la vie de vos enfants ?

3. Analysez vos habitudes. Que pourriez-vous faire pour gaspiller moins ? conserver plus ?

4. Les efforts du gouvernement sont-ils efficaces dans le domaine écologique ? Que pourrait-il faire de plus ?

5. Etes-vous content(e) de la qualité de vie dans votre ville/région ? Quels changements aimeriez-vous apporter ?

6. Pourquoi certaines personnes ne font-elles pas d'effort pour recycler et conserver ? Que pourrait-on faire pour qu'elles changent leurs habitudes ?

Testez-vous

La poursuite triviale écologique. Quel est le quota de votre « éco-intelligence » ? Choisissez la réponse correcte aux questions suivantes. Puis, vérifiez et analysez vos résultats selon les indications données par votre professeur.

1. Pour obtenir un kilo de papier, il faut utiliser _____
   a. 100 litres d'eau.
   b. 200 litres d'eau.
   c. 300 litres d'eau.
   d. 400 litres d'eau.

2. La douche moyenne utilise _____
   a. 20 litres d'eau.
   b. 30 litres d'eau.
   c. 40 litres d'eau.
   d. 50 litres d'eau.

3. Combien de déchets par personne par jour les Français jettent-ils dans la poubelle ?
   a. Un kilo.
   b. Deux kilos.
   c. Trois kilos.
   d. Quatre kilos.

4. La plupart des déchets sont des _____
   a. textiles.
   b. papiers.
   c. emballages.
   d. matières organiques.

5. La plus grande ville du monde est _____
   a. Seoul.
   b. Tokyo.
   c. New York.
   d. Mexico.

6. Respirer l'air de Mexico équivaudrait à fumer combien de cigarettes par jour ?
   a. 10
   b. 20
   c. 30
   d. 40

7. La pollution dont souffrent les villes est constituée en majeure partie par _____
   a. les produits chimiques émis par les usines.
   b. l'huile usagée des automobiles.

c. la poussière créée par la construction.

d. les gaz d'échappement de voitures.

8. A l'intérieur d'un bâtiment, le plus important polluant atmosphérique est _____

    a. l'ozone des photocopieuses.

    b. l'air des climatiseurs.

    c. la poussière.

    d. le tabac.

9. La ville la plus polluée de France est _____

    a. Clermont-Ferrand.

    b. Paris.

    c. Lille.

    d. Lyon.

10. Laquelle des plantes suivantes est efficace contre la pollution de l'air des bureaux ?

    a. Les chrysanthèmes.

    b. Les cactus.

    c. Les roses.

    d. Les tulipes.

Analysez les réponses correctes. Qu'avez-vous appris ? Quelles solutions aux problèmes écologiques cela vous inspire-t-il ?

A vous la parole

La ville de D... est en déclin depuis longtemps parce qu'elle a perdu ses industries et une grande partie de sa population. Pour stimuler l'économie de la région, le conseil municipal a recommandé la construction d'un nouvel aéroport qui créerait des emplois et augmenterait les revenus de la ville. Un groupe de citoyens s'oppose à cette idée, disant qu'un nouvel aéroport détruirait l'environnement et augmenterait la pollution de la région. La ville de D... devrait-elle construire son aéroport ? Discutez de la question : quelle est l'opinion de la majorité des étudiants de la classe ?

Etape 2

Etes-vous technophile ou technophobe ? Quel sera le rôle de la technologie à l'avenir ? Les expressions suivantes vous aideront à formuler vos idées.

Lexique

améliorer ≠ empirer

l'astronaute (m. f.)

les avances technologiques (f.)

les avantages (m.)/les inconvénients (m.)

la banque de données

l'espace (*m.*)/la navette spatiale/la conquête de l'espace

les expériences (*f.*)/les épreuves

l'influence importante (*f.*) ≠ minime; bénéfique ≠ nuisible

l'informatique (*f.*)/l'électronique (*f.*)

le logiciel

les ordinateurs (*m.*)/les télécopieurs (*m.*)/le courrier électronique

la réalité virtuelle

les robots (*m.*)

les scientifiques

la technologie

De quels autres mots auriez-vous besoin pour qualifier les avances technologiques ? Ajoutez-les à votre lexique personnel.

Les mots pour le dire

A. Synonymes et antonymes. En utilisant la liste ci-dessus et vos propres connaissances, remplissez la grille des synonymes et antonymes qui suit.

	Synonyme	Antonyme
perfectionner		
bénéfique		
important		
un avantage		
une avance		

B. L'avenir, qu'apportera-t-il ? Faites un sondage parmi la classe : quelles seront les préoccupations des élèves dans l'avenir ? Par groupes de quatre, complétez les phrases suivantes. Après vous être mis d'accord, le/la secrétaire du groupe fera part des résultats aux autres.

1. _____ et _____ vont sans doute s'améliorer.

2. Mais j'ai peur que _____ et _____ n'empirent.

3. Si je devais identifier le problème le plus sérieux de la décennie future, ce serait...

4. L'exploration de l'espace va nous apporter...

5. Les avances technologiques vont...

6. Dans 40 ans, le monde...

Maintenant, analysez les réponses données. D'après elles, comment apparaît le monde d'ici vingt ans ? Quel problème sera moins/plus sérieux ? Les nouvelles technologies, que vont-elles nous apporter ?

C. Des prévisions. Faites une liste des avances technologiques du vingtième siècle qui ont changé votre vie de façon significative.

Ensuite, mettez-les par ordre d'importance. Quels changements ces avances ont-elles apporté dans votre vie quotidienne ? Sans ces inventions, comment votre vie aurait-elle évolué ?

D. Encore des avances. Quelles applications technologiques dans la liste ci-dessous prévoyez-vous à l'avenir ?

1. le téléphone
2. la télévision
3. l'ordinateur personnel
4. les compacts disques
5. les navettes spatiales
6. les robots

E. L'avenir, c'est maintenant. En vous basant sur les réponses à l'exercice D, faites une publicité pour la nouvelle utilisation de l'un des appareils donnés. Décrivez-en les avantages : ses qualités, comment il va changer la vie du consommateur, etc. Faites un dessin. Quelle musique accompagnera votre spot publicitaire ?

A vous la parole

Par petits groupes, inventez un sketch ayant un thème écologiste ou futuriste. Jouez votre scène devant la classe. Voici quelques suggestions :

- un robot incontrôlable
- un ordinateur ayant des connaissances exceptionnelles
- un nouveau développement technologique résout un problème à la maison ou au travail
- la prise de conscience d'une personne qui ne recycle rien
- « Anti-Gaspi » rend visite à la famille « Gaspi »

Téléphone, télévision, télécopieur... les rêves d'hier sont devenus une réalité quotidienne. C'est encore le moment où la réalité rattrape la science-fiction : les chercheurs commencent à étudier sérieusement la possibilité de la téléportation.

Lexique

les chercheurs	la particule
se dissoudre	les physiciens (*m.*)
l'hypothèse (*f.*)	la matière
se morceler	réalisable ≠ irréalisable
l'ordinateur (*m.*) quantique	se téléporter

Préparation à la lecture

Exprimez-vous. Avez-vous déjà pensé à la téléportation ? Répondez aux questions suivantes.

1. Aimez-vous la science-fiction ? Quels livres de science-fiction avez-vous lus ? Quels films ou émissions de télé avez-vous vus ?

2. Décrivez la téléportation selon un de ces livres, films ou émissions.

3. Pensez-vous que la téléportation des êtres humains soit réalisable ?

Avez-vous déjà vu le film *Les Visiteurs* ? Comment s'est-on fait transporter à l'époque moderne ?

Peut-on se téléporter?

Deux photons s'aimaient d'amour tendre... Une fois de plus, la réalité rattrape la science-fiction. Un groupe de physiciens vient de donner ses lettres de noblesse à la téléportation. A l'horizon: les ordinateurs quantiques.

PAR HELENE GUILLEMOT

«Allons-y capitaine... et bon voyage!» Dans la pénombre, le valeureux capitaine Kirk grimpe tranquillement sur un petit podium circulaire. Assis devant un clavier, Scotty appuie sur un bouton rouge. Aussitôt, notre héros s'auréole d'un halo phosphorescent, puis semble se morceler... et se dissout en une multitude de points lumineux qui s'évanouissent dans un léger grésillement. A cet instant précis, sur une autre planète sise à l'autre bout de l'Univers, des confettis brillants surgissent du néant. Ils dessinent la silhouette du capitaine qui, bientôt, descend calmement de son podium, un reste de lueur bleue accroché à sa combinaison...

Vous venez d'assister à une très banale scène de téléportation. Un thème classique en science-fiction, popularisé en particulier par le feuilleton américain *Star Trek.* Mais voilà que la réalité frappe à la porte de la fiction! Et par la plus austère et sérieuse d'entre elles: un article dans l'ultrahermétique *Physical Review Letters* (29 mars 1993). Six physiciens théoriciens (deux Américains, un Israélien, un Australien et deux Québécois, dont un travaillant à l'Ecole normale supérieure de Paris) ont osé titrer leur travail avec le mot «téléportation». Il n'en fallait pas plus pour suggérer les scénarios les plus fous.

Pourrons-nous être téléportés demain? La question mérite d'être posée. D'une part, parce qu'elle est au cœur d'un des plus importants débats de l'histoire de la physique contemporaine. D'autre part, parce qu'il y a un véritable enjeu scientifique et technique que l'on peut résumer par l'expression «ordinateurs quantiques». Quoi qu'il en soit, les chercheurs assument, dans leur article, l'emploi du terme et la dimension qu'il a dans l'imaginaire populaire: «Nous avons choisi d'appeler notre nouveau phénomène téléportation, terme de science-fiction signifiant qu'on fait disparaître une personne ou un objet tandis qu'une réplique exacte apparaît ailleurs», écrivent-ils sans trembler.

Mais cette perspective extraordinaire laisse en suspens une question fondamentale: la téléportation enfreint-elle les lois de la physique? Est-ce une hypothèse de plus dans l'édifice actuel ou remet-elle tout en question? La réponse est sans ambiguïté: «Notre téléportation, contrairement aux versions de science-fiction, ne défie aucune loi physique. En particulier, elle n'a pas lieu instantanément, ou plus vite que la lumière.» De plus, elle ne permet pas de téléporter, au sens strict, un être vivant ou même une particule!

Mais la possibilité de téléportation n'en est pas moins réelle: ces scientifiques ont bel et bien découvert le moyen de créer l'exacte réplique d'une particule à l'endroit précis qu'ils désirent. A une nuance près: ce n'est pas en déplaçant la particule elle-même mais en téléportant toute l'information nécessaire à la reconstruction de sa copie conforme. Autrement dit, on ne téléporte pas de la matière, mais de l'information pour dupliquer la matière.

L'exploit scientifique et l'enjeu technique n'en sont pas moins importants. Au contraire. En effet, catapulter une particule, y compris à des vitesses proches de celle de la lumière, est depuis longtemps à la portée des physiciens. En revanche, copier fidèlement une particule semblait à jamais irréalisable et même formellement interdit par une loi d'airain: le principe d'incertitude de Heisenberg. Les chercheurs viennent donc de réussir à réaliser l'un sans transgresser l'autre.

Pierre angulaire de la mécanique quantique, ce principe marque pourtant les limites de notre connaissance du monde microscopique. Il affirme qu'il est impossible de déterminer précisément toutes les propriétés d'une particule: elles sont partiellement indéterminées. La théorie quantique permet néanmoins de calculer les probabilités que l'on a, en faisant une mesure, de trouver la particule dans tel ou tel état. Donc, à défaut de tout connaître des particules individuellement, les physiciens savent prédire leurs propriétés statistiquement.

Aucun espoir, on le voit, de parvenir jamais à décrire parfaitement une particule donnée. A plus forte raison, pensait-on, d'en fabriquer une réplique! Or, c'est précisément ce qu'a annoncé cette équipe de chercheurs. Pour ce véritable tour de passe-passe, il fallait donc un «truc»: on le connaît sous le nom de «paires EPR». On peut résumer ce phénomène fondamental ainsi: parfois, un atome excité perd son trop-plein d'énergie en émettant deux photons à la fois. Ces photons ayant été créés ensemble, leurs propriétés ne sont pas indépendantes, mais nécessairement corrélées. Or, la physique quantique dit qu'elles peuvent, après séparation, rester corrélées à jamais (si elles ne sont pas perturbées)! Ces photons très particuliers constituent ainsi une paire EPR.

On comprend l'enjeu: le passé ne meurt pas réellement, il peut influencer, au sens strict, l'avenir. Autrement dit, l'interaction qu'ont eu ces deux photons dans le passé lie leur destin «pour la vie»... Et, bien sûr, quelle que soit la distance qui les sépare! C'est ici que la science défie le bon sens. En effet, tout ce qui trouble une des particules retentit aussitôt sur sa sœur «jumelle», même si celle-ci se trouve à des millions de kilomètres!

Pourrons-nous un jour pratiquer la téléportation humaine? Il faudra préalablement savoir reproduire la structure moléculaire (classique et non quantique) d'un être humain, alors que, comme le fait remarquer Claude Crépeau, «on ne sait même pas décrire au niveau moléculaire un vulgaire morceau de papier!» Le jour où ce léger problème sera résolu (après tout, un individu ne compte jamais que 1028 particules), on pourra songer à téléporter en sus leur état quantique. Mais ce ne sera sans doute pas le plus difficile! Dans la tête de certains, les machines crépitent déjà...

Discussion/Activités

A. Compréhension. Répondez aux questions suivantes en vous basant sur la lecture.

1. Comment la téléportation se passe-t-elle selon *Star Trek* ? Décrivez le scénario typique.
2. Le terme « téléportation » vient-il de la science-fiction ou de la science ?
3. Quelle est la différence entre la téléportation à la *Star Trek*, et celle dont les chercheurs parlent actuellement ?
4. Pourquoi ne peut-on pas pratiquer la téléportation aujourd'hui ?

B. Les faits. Cet article juxtapose la science et la science-fiction. Lisez les constatations suivantes et indiquez si elles s'appliquent à ce que disent les romanciers ou à ce que disent les scientifiques.

	La Science-fiction	La Science
La téléportation a lieu instantanément.		
Pour téléporter, on fait disparaître un objet ou une personne pour le faire apparaître ailleurs.		
Pour téléporter un objet, on ne déplace pas la particule elle-même; on téléporte de l'information pour dupliquer la matière.		
Il faut que l'objet à téléporter reste sur un podium près d'un ordinateur.		

C. Et vous ? Quelle vision de la téléportation vous intéresse le plus ? Celle de la science actuelle ou celle de la science-fiction ? Pourquoi ?

D. La mise en pratique. Comme on a déjà remarqué, les idées autre fois les plus folles (le téléphone, la télévision, le télécopieur) ont fini par entrer dans la vie quotidienne. Imaginez que la téléportation est finalement perfectionnée et à la disposition de tout le monde.

1. Décrivez physiquement un « téléporteur » . Où se trouve-t-il dans la maison ? dans le bureau ?

2. Qui s'en sert le plus souvent à la maison et au bureau ?

3. Comment simplifie-t-il la vie à la maison, au bureau et à l'université ?

E. Une campagne publicitaire. Vous venez de perfectionner un téléporteur et vous voulez le vendre au public. Faites une publicité qui décrit les qualités et les avantages de votre nouvelle invention.

N'oubliez pas d'ajouter les nouvelles expressions que vous avez apprises dans ce chapitre à votre lexique personnel.

Lexique personnel

Perspectives : création et transformation de la culture

Les média jouent-ils un rôle important dans votre vie ? La nouvelle technologie, quelle influence a-t-elle sur la culture ? Va-t-elle remplacer certaines institutions culturelles, telles que les salles de concert et le cinéma ? Parlons-en.

Interview avec Stéphanie, étudiante française-américaine qui fait ses études à l'université de Virginie. Regardez les questions posées à Stéphanie. Puis, écoutez l'interview en prenant des notes. Ecoutez encore une fois, et répondez aux questions de l'exercice.

1. Etes-vous d'accord avec ceux qui disent que tous les films américains sont fondus dans le même moule ?
   Notes :
   • Selon Stéphanie, dans les films américains, il y a une variété de...

2. Qu'est-ce qui caractérise le film américain ?
   Notes :
   • Qu'est-ce qui se passe à la fin d'un film stéréotype, hollywoodien ?

3. Vous voyez donc un contraste entre les goûts du public français et du public américain ?
   Notes :
   • Selon Stéphanie, le film américain est analogue à une sorte de

   _____.

   • Comment est-ce qu'elle justifie cette caractérisation ?

4. Tandis qu'en France... ?
   Notes :
   • Selon Stéphanie, le public français est plus _____ que le public américain. Qu'est-ce que cela veut dire ?

5. Comment est-ce que les goûts de ce public connaisseur se reflètent dans l'intrigue et dans le style des films français ?
   Notes :
   • Faites une liste de caractéristiques des films américains et français selon l'interviewée :

   Films français   **Films américains**
   •   •
   •   •
   •   •

6. Lequel de ces deux films de Luc Besson, *Le Grand Bleu* ou *Le Cinquième Élément,* est plus optimiste ?
   Notes :
   Quelle est la réponse de Stéphanie ?

7. Est-ce que le cinéma français s'américanise quand même ?
   Notes :
   • Quelle raison Stéphanie suggère-t-elle pour cette américanisation du cinéma français ?

8. Et votre goût est-il plutôt français ou américain ?
   Notes :
   • Pourquoi les films américains plaisent-ils à Stéphanie ? et les films français ?

Testez-vous

Qu'est-ce que vous savez du profil de l'utilisateur du micro-ordinateur et d'Internet en France ? Passez ce petit test pour vérifier vos connaissances dans ce domaine.

1. Combien de Français possédait un micro-ordinateur en 1997 ?
   a. 10 %   b. 20 %   c. 30 %   d. 50 %

2. En 1997, combien de Français n'avaient jamais utilisé Internet ?
   a. 19 %   b. 39 %   c. 59 %   d. 79 %

3. Combien de Français s'avéraient passionnés d'Internet ?
   a. 3 %   b. 13 %   c. 23 %   d. 33 %

4. Quel groupe est intéressé le plus par Internet ?
   a. les 18–24 ans   c. les 35–44 ans
   b. les 25–34 ans   d. les 45–54 ans

5. Les femmes ou les hommes sont-ils plus intéressés par Internet ?

1. b; 2. d; 3. a; 4. a; 5. Les hommes

Quelles conclusions pouvez-vous tirer de ce sondage ? Faites des recherches pour déterminer si cette situation a évolué en France. Comment ces données se comparent-elles au profil de l'utilisateur dans ce pays ?

Etape 1

L'ordinateur, comment a-t-il transformé la culture nationale et mondiale ? L'informatique enrichit-elle ou appauvrit-elle la société ? Ce sont des questions qui suscitent la passion et la discussion...

Lexique

(l'appareil (*m.*)) numérique	l'ordinateur (*m.*)
cliquer	la page d'accueil
le courrier électronique (le mél)	le programme (de traitement de texte)
le cyberespace	le réseau
en ligne	se connecter (à Internet)
l'interactivité (*f.*)	le site
l'internaute (*m. f.*)	surfer/naviguer
Internet	télécharger
le lien	virtuel
le logiciel	le Web
le multi-média	

Les mots pour le dire

A. Pourquoi ? Pourquoi ferait-on les actions suivantes ?

1. créer un site Web

2. être en ligne

3. cliquer sur un bouton

4. envoyer un mél

5. surfer le Web

Un cyber café

B. Interview. Comment la technologie a-t-elle transformé la vie ? Discutez-en avec un partenaire en lui demandant...

1. combien de temps il/elle passe à surfer le net et pour quelles raisons.

2. s'il/elle préfère envoyer un mél ou une lettre.

3. si l'existence d'Internet a changé certaines habitudes dans sa vie. Préfèrent-il/elle surfer le net à des activités plus sociales ?

4. si la technologie suscite ou aggrave certains problèmes sociaux. Lesquels et comment ?

5. quel est son site Web préféré et pourquoi.

Faites un résumé des réponses de votre partenaire à la classe.

C. Transformations. Quel sera l'effet de la technologie sur la vie quotidienne ? Donnez votre opinion.

1. Le courrier électronique va-t-il remplacer les lettres ?

2. La radio Web va-t-elle remplacer la radio ?

3. Internet va-t-il remplacer les salles de classes ?

4. Les sites Web commerciaux vont-ils remplacer les magasins ?

5. Continuera-t-on à acheter des disques compacts ou est-ce qu'on aura sa musique par Internet ?

D. Exprimez-vous. Discutez des questions suivantes.

1. Internet, qu'est-ce qu'il apporte à la société et à la culture ? Quels en sont les dangers ?

2. Avez-vous déjà rencontré quelqu'un par Internet ? Est-ce que c'était une expérience agréable ou désagréable ? Préférez-vous ce moyen de rencontrer des gens à d'autres solutions ?

3. Devrait-on supprimer les sites racistes, pornographiques, etc. ou est-ce porter atteinte à la liberté de l'expression ?

4. Pourquoi certaines cultures auraient-elles peur d'Internet ? Réfléchissez : quelle est la langue dominante sur Internet ? Qui sont les utilisateurs pour la plupart ? Etes-vous d'accord avec ceux qui craignent la perte de leur identité culturelle ?

A vous la parole

Recherchez une page Web écrite en français et portant sur un thème social ou politique qui vous intéresse. Explorez les liens et faites un rapport sur son intérêt à la classe.

OU : Dessinez votre propre site Web—en français—qui explorera un des thèmes présentés dans ce manuel, en soulignant la perspective française.

Etape 2

Pour certains, le mot « culture » évoque les arts, la littérature et les grands monuments d'une civilisation. Cette manifestation de la culture dépasse les frontières nationales pour faire partie d'une tradition plus universelle—orientale, africaine, occidentale ou mondiale. Parlons des livres, de la musique, de l'art...

Lexique

l'art : le tableau, la toile, l'aquarelle (*f.*)

les époques : le Moyen Age, la Renaissance, le XVIIe (XVIIIe, etc.) siècle, la période/l'époque (*f.*) moderne

les films : la mise en scène, la cinématographie, les effets spéciaux (*m.*)

les genres : le film policier, le western, le film de suspens/de science-fiction/d'aventure

la littérature : le roman, le conte, le poème (la poésie), la pièce, le romancier, le conteur, le poète, le dramaturge

la musique : le concert, le récital, le festival; le concerto, l'opéra (*m.*), la symphonie, la chanson (le chant); la danse, le ballet; le/la musicien(ne), le chanteur/la chanteuse; jouer d'un instrument, du violon, du piano, du violoncelle, de la clarinette, de la flûte, etc.

les styles artistiques : le romanesque, le gothique, le classicisme, l'impressionnisme, l'art (*m.*) moderne

les styles littéraires : le classicisme, le romantisme, le surréalisme, l'existentialisme (*m.*), le post-modernisme

le théâtre : le drame, la comédie (de mœurs), la scène; l'intrigue (*f.*), les personnages (*m.*), le/la protagoniste, le dénouement

Après une pièce, un concert ou une exposition d'art, on sollicite votre commentaire. Voici des expressions pour vous aider à les formuler.

Outils

Pour faire un jugement sur une œuvre artistique

Vous pouvez juger : la mise en scène, le jeu, l'interprétation, l'intrigue, le développement, la trame, le dénouement, la représentation, l'image... en disant que vous l'avez trouvé(e) : *ficelé*

adjectifs positifs	adjectifs négatifs
très bien fait(e)	mal fait(e)/conçu(e)
joué(e)	ennuyeux(-euse)
interprété(e)	embêtant(e)
magnifique	atroce
splendide	sans intérêt/quelconque/médiocre
très réussi(e)	incohérent(e)/inintelligible/incompréhensible
passionnant(e)	une catastrophe
super/génial(e)	
un succès (de scandale)	

Pour parler des goûts et préférences

Je l'ai beaucoup aimé(e).	≠	Je ne l'ai pas du tout aimé(e).
J'ai adoré.	≠	J'ai détesté.
Ça m'a (énormément/beaucoup) plu.	≠	Ça ne m'a pas plu du tout.

Les mots pour le dire

A. Identifications. Remplissez la grille en indiquant l'époque, le(s) genre(s) et les œuvres que vous associez aux artistes et écrivains donnés.

	Epoque	Genre	Œuvres
Debussy			
Monet			
Molière			
Camus			
Rodin			
Satie			

B. Réactions. Vous êtes à une exposition d'art avec un(e) ami(e). Vous êtes devant les tableaux reproduits aux pages suivantes. Décrivez-les : le sujet, le genre, le style. Quelle est votre réaction ?

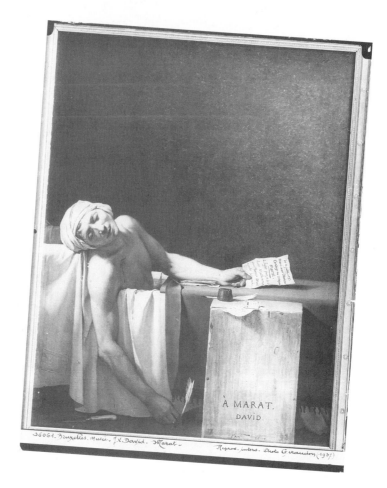

C. Encore des réactions. Donnez votre opinion...

1. du dernier concert auquel vous avez assisté.

2. du dernier film que vous avez vu.

3. du dernier livre que vous avez lu.

4. de la dernière pièce de théâtre que vous avez vue.

D. Interview. Posez les questions suivantes à un(e) camarade. Ensuite, analysez les réponses de toute la classe et essayez de faire un profil des goûts et habitudes. Demandez-lui...

1. quelle sorte d'activité culturelle l'intéresse le plus : la musique, l'art, le théâtre ou la lecture.

2. combien de livres il/elle achète par an et de quelle sorte de livres il s'agit (livres scolaires, pratiques, littéraires, bestsellers, etc.).

3. combien de fois par an il/elle va au cinéma, aux concerts, au théâtre.

4. quel genre de film/concert/théâtre il/elle préfère et n'aime pas du tout.

5. s'il/si elle fréquente les musées; quels musées il/elle fréquente et combien de fois par an.

E. Exprimez-vous. Discutez des questions suivantes.

1. Quelle est l'importance de l'art, de la musique et de la littérature dans votre vie ? Si vous étiez privé(e) d'art ou de musique, en quoi votre vie serait-elle changée ?

2. Avez-vous des goûts artistiques et musicaux plutôt classiques ou modernes ? Pourquoi préférez-vous l'un à l'autre ?

3. Le gouvernement devrait-il continuer à subventionner les artistes dont les œuvres choquent une partie importante de la population ?

4. Certains ont remarqué que la musique classique devient de moins en moins populaire. Appréciez-vous ce genre de musique? Est-elle trop élitiste ? Est-ce de la musique pour les personnes âgées ? Que pourrait-on faire pour susciter l'intérêt des jeunes ?

5. Pensez-vous que la musique et l'art contemporains reflètent l'évolution de notre société ? Comment ?

6. Une œuvre littéraire ou artistique a-t-elle influencé votre façon de penser ou votre vision du monde ? Laquelle ? Comment ?

A vous la parole

Jouez le rôle d'un(e) critique et faites un compte-rendu oral sur un livre, une pièce, une exposition ou un concert récent.

Etape 3

La Haine, le film à la fois beau et inquiétant du jeune réalisateur Mathieu Kassovitz, connut un succès énorme en France et à l'étranger. L'interview suivante révèle les buts de Kassovitz, qui explore les tensions entre les jeunes et l'autorité dans les banlieues de Paris.

Lexique

le confrère	la réalisation
ne pas faire de cadeau	le scénario
le lancement de projectile	le « soap-opera » à l'eau de rose
manichéen	s'occuper de ses oignons
les manifestants	tabasser
mettre son grain de sel	tourner (un film)
le réalisateur	

Préparation à la lecture

A. Exprimez-vous. Répondez aux questions suivantes.

1. Avec quel mode de vie associe-t-on les banlieues aux Etats-Unis ? en France ?

2. Connaissez-vous des films qui montrent en même temps des moments d'intenses tensions et des moments très comiques ? Lesquels ?

3. Connaissez-vous des films dans lesquels l'emploi du language, un vocabulaire particulier et un accent régional sont centraux ?

4. Connaissez-vous des films récents tournés en noir et blanc ? Pourquoi, à votre avis, le réalisateur a-t-il décidé de ne pas tourner en couleur ? Comment est-ce que le noir et blanc renforce le style et/ou le message du film ?

B. Anticipation. Quand vous lisez un compte rendu d'un film, quelles informations sur le film est-ce que vous vous attendez à y trouver ? Avec un partenaire, faites une liste des informations que vous aimeriez trouver sur *La Haine* dans cet article sur le film.

Lecture

La Haine : **La violence des banlieues à l'écran**

La Haine, montrée aussi récemment à Los Angeles (CA) dans le cadre du Pan African Film Festival, a obtenu un succès couronné par de longs applaudissements. Pendant la projection, des moments d'intenses tension et émotion voisinaient avec les rires [...] des spectateurs devant les scènes où les jeunes s'exprimaient en verlan (mots dont les syllabes sont inversées) et dans la syntaxe de ceux peu habitués à fréquenter Voltaire.

Ce film pourtant est loin d'être un «soap-opera» à l'eau rose. Tourné en noir et blanc, il ne fait de cadeau à personne tout en refusant d'être manichéen. Il s'ouvre sur une bataille entre manifestants et policiers, avec lancements de projectiles et jeunes traînés à terre, pour se terminer sur une note sans davantage d'espoir. Entre temps, Saïd, un «beur» (Maghrébin né en France), Hubert (black) et Vinz (un «feuje» ou juif), essaient de survivre dans un monde où ni le dealer du coin, ni les «keufs» (flics) ne leur font de cadeau.

On assiste ainsi à 24 heures de leur vie dans une cité de la banlieue parisienne où ils tuent le temps comme ils peuvent et font de petits trafics de drogue. Ils trainent aussi leurs baskets à

Paris. Finalement, sans raison apparente, ils se font arrêter et tabasser par des policiers qui enseignent à un confrère comment frapper sans laisser de trace et qui les retiennent tard dans la nuit pour le plaisir de les voir manquer leur dernier train de banlieue.

Depuis New York, où il se trouvait, le réalisateur Mathieu Kassovitz, 28 ans, réalisateur aussi de *Café au Lait (Métisse),* s'est expliqué : «Il y a de bons et de mauvais policiers, comme il y a de bons et de mauvais jeunes. Je ne suis pas contre l'individu-policier, mais contre l'état policier. Rendez-vous compte qu'aujourd'hui il ne faut que six mois pour former un policier... Il est normal que les voleurs de voiture sont arrêtés, quant à les frapper et les tuer... Le crime n'est pas propor-

tionné à la répression.» Il est vrai que Mathieu Kassovitz a eu l'idée d'écrire cette histoire à la suite de la mort d'un jeune Zaïrois dans un commissariat du 18e arrondissement. Dans le film aussi, un jeune tombe dans le cours à la suite d'une bavure policière. La colère, la révolte, le désespoir et la haine des flics atteignent alors leur comble. Vinz jurant qu'il vengerait son ami s'il venait à mourir...

Et pour se battre à l'égalité avec les forces de l'ordre, il faut des armes. En France, ce n'est pas si facile à trouver, mais, dans le film, le hasard fera qu'un policier aura perdu son «Smith and Wesson 44» dans la bataille... «Les jeunes, dit Mathieu Kassovitz, sont fascinés par les armes à feu. Ils en voient tout le temps dans les films et à la télévision et les glorifient. Par

exemple, ils connaissent par cœur le film *Scarface,* de Martin Scorcese» (avec Al Pacino). Par ailleurs, dans une des scènes de *La Haine* on voit Vinz imitant devant son miroir le De Niro de *Taxi Driver.*

La Haine, soutenue par Jodie Foster qui a apposé son nom au générique, est un film sans complaisance qui n'a rien à voir avec un documentaire bien pensant et moralisateur. Il s'agit du point de vue de Mathieu Kassovitz qui n'a jamais vécu dans les cités, mais qui trouve inadmissible de ne s'occuper que de ses oignons. Il met donc son grain de sel dans ce plat explosif mais avec respect et intelligence. Quelle réussite!

Sur tous les écrans américains. Avec Vincent Cassel (Vinz), Hubert Kondé (Hubert) et Saïd Taghmaoui (Saïd). Scénario et réalisation de Mathieu Kassovitz.

La Haine : La violence des banlieues à l'écran, France Previe, Inc.

Discussion/Activités

A. Compréhension. Auxquelles de vos questions cet article a-t-il répondu ? Avec votre partenaire, répondez à autant de vos questions que possible.

B. En détail. Expliquez en français ce que veulent dire ces mots et concepts, selon leur emploi dans l'article :

- ceux peu habitués à fréquenter Voltaire
- le verlan (comment dit-on « Voltaire » en verlan ?)
- Ils trainent aussi leurs baskets à Paris.
- Il ne fait de cadeau à personne, tout en refusant d'être manichéen.

C. A votre avis. Avec un partenaire, dressez une liste de films destinés aux jeunes (lycéens, universitaires). Puis, essayez de classer ces films selon leur genre (films d'action, films d'amour, etc.) ou selon leur sujet (films sur la vie universitaire, films sur les vacances, etc.). Même si vous n'avez pas encore vu *La Haine,* essayez de situer de ce film parmi d'autres films comparables.

D. Débat. *La Haine* fournit un bel exemple de l'art engagé, c'est-à-dire, l'art mis au service d'une cause sociale, politique, etc. A votre avis, faut-il que l'art (le cinéma, la peinture, la littérature) soit engagé ? Formulez vos arguments pour ou contre, en équipes, afin de débattre la question. Justifiez vos arguments en vous appuyant sur des exemples.

N'oubliez pas d'ajouter les nouvelles expressions que vous avez apprises dans ce chapitre à votre lexique personnel.

Lexique personnel

Votre style de vie : est-il sain ?

Le bien-être physique et moral devient la nouvelle préoccupation de notre époque. Quelle vie avez-vous ? En êtes-vous satisfait(e) ? Quels aspects aimeriez-vous en changer ?

Entretien

Interview avec Geneviève, Lyonnaise, enseignante et étudiante vivant aux Etats-Unis depuis vingt ans. Regardez les questions posées à Geneviève. Puis, écoutez l'interview une fois en prenant des notes. Ecoutez encore une fois et répondez aux questions de l'exercice.

1. As-tu l'impression d'être plutôt stable par rapport aux autres ?
   Notes :
   • Quels exemples Geneviève donne-t-elle pour justifier sa réponse ?

2. Tu crois qu'il y a des facteurs dans ta vie qui contribuent à ton équilibre ?
   Notes :
   • Qu'est-ce qui la calme ?

3. Tu crois qu'une attitude positive influence l'aspect physique ?
   Notes :
   • Quel rapport Geneviève voit-elle entre l'aspect mental et l'aspect physique ?
   • Quelle est la faiblesse de Geneviève ?

4. Est-ce qu'il y a d'autres choses que tu fais exprès pour te remettre quand tu es déprimée ?
   Notes :
   • Pourquoi Geneviève aime-t-elle cette solution ?

5. Et on dit aussi que les animaux nous aident à nous sentir bien...
   Notes :
   • Pourquoi Geneviève n'a-t-elle pas besoin d'un animal ?

6. Est-ce que tu consacres beaucoup de temps à ton travail ? Il y a des gens qui travaillent toute la journée...
   Notes :
   • En dehors de ses études, quelles autres activités Geneviève a-t-elle ?

Etape 1

Certaines maladies sont provoquées ou aggravées par notre manière de vivre. Le lexique suivant vous permettra de parler de ces questions.

Lexique

la cure/la guérison efficace

le dépistage

être en bonne/mauvaise forme

la fatigue/le surmenage/l'anxiété (*f.*)/le stress/l'insomnie (*f.*)/ la dépression

le/la malade

les maladies héréditaires/sexuellement transmissibles

le médicament

la médecine alternative/l'homéopathie (*f.*)/l'acuponcture (*f.*)

prendre soin de/soigner

le régime alimentaire riche en/pauvre en vitamines, protéines...

le style de vie sain/équilibré

le symptôme

le traitement (l'intervention (f.)) chirurgical(e)/l'opération (f.)

Que faites-vous pour vous détendre ? Si votre activité préférée ne figure pas sur cette liste, ajoutez-la à votre lexique personnel.

Lexique

l'alpinisme (m.)	le jogging
le basket-ball	la marche à pied
le camping	la musculation
la danse aérobic	la natation
la gymnastique	la randonnée

Outils

Pour formuler des hypothèses

Si j'étais vous,
A votre place, } je le ferais.

Si j'avais
Si j'avais eu } ces symptômes, { j'irais voir un médecin.
je serais allé(e) voir un médecin.

Les mots pour le dire

A. De quoi s'agit-il ? Vous parcourez un magazine consacré à la santé et vous lisez les titres suivants. De quoi pourrait-il s'agir dans l'article ? Décrivez un peu le contenu.

1. Malaises : quand faut-il s'inquiéter ?

2. Votre avenir médical est-il inscrit dans vos gènes ?

3. Aidez votre mari à passer le cap dangereux... dès 40 ans ! Surtout s'il est du « type A ».

4. Scandaleux : 700 000 opérations abusives chaque année !

5. L'alimentation tonique.

6. Les plantes contre les maux de dents.

7. Le check-up avant l'école.

B. Le petit déjeuner. Décrivez les petits déjeuners suivants. A quel style de vie chacun serait-il destiné ? Justifiez votre réponse. Lequel préféreriez-vous ? Pourquoi ? Est-ce que votre petit déjeuner reflète le style de vie que vous recherchez ?

Celui qui me met en forme.

❝Matinée de travail et déjeuner d'affaires à midi... la journée va être chargée. Pour me mettre en forme je commence par un bon petit déjeuner.❞

Job

Un petit déjeuner étudié à 600 calories environ.

1 jus d'orange pour les vitamines.
1 tartine de pain complet
beurre et miel.
Brioche ou croissant...
j'ai le choix pour la gourmandise.
Thé ou café à peine sucré
... et je suis en forme pour la journée.

Celui qui prend soin de mes formes.

❝Je soigne ma ligne, mais je tiens à ma forme, dès le matin. Pas question de sauter mon petit déjeuner ; je mange léger et j'évite le sucre, tout simplement.❞

Ligne

Un petit déjeuner léger à 330 calories environ.

Pamplemousse, pomme ou fraises...
un fruit, c'est frais pour commencer.
2 tranches de pain complet tartinées
d'un peu de beurre allégé.
1 œuf.
1 yaourt, 0 % bien sûr.
Je bois du thé ou du café,
mais sans sucre
... c'est bon pour la forme.

Celui qui cultive ma forme.

❝Le matin j'ai besoin d'énergie. Au programme sport intense ou travail ininterrompu avec la perspective d'un déjeuner sur le pouce. Alors pour tenir toute la journée, je petit-déjeune tonique.❞

Sport

Un petit déjeuner costaud à 850 calories environ.

Un fruit pour mettre en appétit.
2 tartines de pain complet
beurre et confiture
Un bol de muesli avec du lait.
Un yaourt nature.
Un œuf dur pour conclure.
Arrosé de thé ou de café
légèrement sucré
... ça donne la forme.

C. Un week-end de détente. Si vous aviez tout un week-end pour oublier vos soucis, vous amuser et vous détendre, comment en profiteriez-vous ? Où iriez-vous ? Que feriez-vous ? Que mangeriez-vous ?

D. Exprimez-vous. Décrivez votre style de vie aux autres en répondant aux questions suivantes.

1. Combien de temps de votre journée consacrez-vous aux catégories suivantes ? Elaborez en détail votre emploi du temps et vos activités.
   a. les études
   b. le travail
   c. les loisirs
   d. le repos

2. De quels aspects de votre vie êtes-vous satisfait(e) ? Non satisfait(e) ? Qu'est-ce que vous aimeriez changer dans votre vie ? Comment effectuer ces changements ?

3. Quel est le meilleur régime alimentaire selon vous ? Ce régime est-il facile ou difficile à suivre dans votre quotidien ?

4. Quel est votre sport ou loisir préféré ? Combien de fois par semaine le pratiquez-vous ? En quoi contribue-t-il à votre équilibre mental ou physique ?

5. Peut-on concilier ses ambitions professionnelles avec une vie saine ? Qu'est-ce qui pourrait déséquilibrer ces deux aspects de la vie ?

6. Avez-vous déjà subi un traitement non-conventionnel ? En quoi consistait-il ? A-t-il été efficace ?

7. Comment le style de vie d'une personne pourrait-il contribuer aux problèmes suivants ? Quels traitements proposez-vous ?
   a. l'insomnie
   b. la dépression
   c. l'anxiété

Testez-vous

A. Etes-vous stressé ? Le stress peut être bénéfique car il nous incite à agir ou à réagir. Mais au-delà d'un certain seuil, le risque de tomber malade ou d'avoir un accident devient plus grand. Pour déterminer votre niveau de stress, indiquez combien de situations sur la liste suivante vous avez vécues dans les six derniers mois. Additionnez le nombre de A, B, C, D et E et notez le total pour chaque colonne dans les cases prévues à la fin de l'exercice. Faites les multiplications et interprétez votre score.

Vous avez commencé un nouveau travail après une longue absence.	D
Vous avez reçu une contravention pour avoir mal garé votre véhicule.	E
Vous avez augmenté/diminué vos sorties ou changé de milieu social.	E
Vous avez changé vos loisirs (par exemple, vous avez commencé une nouvelle discipline sportive).	E
Vous avez changé vos habitudes alimentaires ou de sommeil (par exemple, vous avez commencé un régime).	E
Vous êtes constamment amélioré(e).	B
On vous a donné de nouvelles responsabilités.	D
Vous vous êtes marié(e) ou remarié(e).	A
Vous avez été en vacances ou en congé.	E
Les fêtes de fin d'année sont passées.	E
Vous avez déménagé.	D
Vous vivez dans un environnement bruyant ou stressant.	B
Vous avez été licencié(e) ou mis(e) au chômage.	A
Vous avez été gravement malade.	A
Vous avez changé de travail ou allez changer de travail.	C
Ces derniers temps, vous vous disputez davantage avec votre compagnon (compagne).	C
Votre situation familiale s'est considérablement modifiée (ameliorée ou dégradée).	C
Vous vous êtes réconcilié(e) avec votre compagnon (compagne).	B

	Nombre	Facteur	Total
A		×5	
B		×4	
C		×3	
D		×2	
E		×1	
		Total	

Interprétation

0–10   Si votre score est inférieur à 10, vous êtes peu stressé(e) et il est donc peu probable que vous ayez des ennuis provoqués par le stress.

10–15   Si votre score se situe entre 10 et 15, le stress joue un rôle non-négligeable dans votre vie; pourtant, il n'a pas une influence négative.

15–20   Attention : vous devriez essayer de réduire votre stress !

20+   Vous devriez vraiment prendre soin de vous et veiller à éviter les situations stressantes jusqu'à ce que votre score diminue.

B. Analyse. En tenant compte des résultats obtenus, répondez aux questions suivantes.

1. Etes-vous d'accord avec l'interprétation qui correspond à votre score ? Vous sentez-vous aussi stressé(e) ou détendu(e) que les résultats semblent indiquer ?

2. Dans quels domaines vous sentez-vous le plus stressé(e) (travail, vie sentimentale, etc.) ? Que pourriez-vous faire pour changer cette situation ?

3. Décrivez une situation où le stress vous a stimulé(e).

4. Connaissez-vous des techniques de relaxation ? Décrivez-les.

A vous la parole

En tant qu'expert(e) sur les styles de vie sains, on vous invite à animer une émission à la télévision. Les téléspectateurs ayant une question (interprétés par vos camarades de classe) vous téléphonent et vous leur donnez des conseils.

Etape 2

Une vie sentimentale stable et heureuse joue un rôle important dans le bien-être personnel. Pour en parler, ces expressions pourraient vous être utiles.

Lexique

> (approfondir/terminer) une relation
> le bonheur/la satisfaction
> le but/l'objectif (*m.*)
> le compagnon/la compagne
> le conflit
> le copain/la copine
> la déception/la tristesse
> les habitudes
> le/la partenaire
> le petit ami/la petite amie
> rendre quelqu'un heureux(-se)/malheureux(-se)
> rompre avec quelqu'un
> la rupture
> (se) mettre en colère
> se sentir satisfait(e), seul(e), etc.
> vexer quelqu'un

Les mots pour le dire

A. L'arbre de ma vie. Etes-vous satisfait(e) de votre vie en ce moment ? Pour matérialiser clairement votre situation, dessinez « l'arbre de votre vie » en suivant le procédé ci-dessous.

- Choisissez plusieurs des domaines proposés ou trouvez d'autres possibilités : travail, études, relations, amis, vêtements, argent, ???

- Remplissez l'arbre, selon le modèle : le tronc représente votre vie; chaque branche représente un des domaines choisis ci-dessus.

- Une feuille qui pousse représente ce dont vous êtes satisfait(e) ; une feuille qui tombe représente l'inverse.

Après avoir dessiné votre arbre, expliquez-le à un(e) camarade.

MODELE: « Je ne suis pas contente de ma vie à l'université : je réussis à mes cours, mais ils sont ennuyeux. J'ai beaucoup d'amis mais je n'aime pas mon professeur de sciences politiques parce qu'elle est trop sévère. Heureusement, ma vie relationnelle est très stable en ce moment; je viens de me fiancer avec mon petit ami et mes parents en sont très contents. Mon travail ne va pas bien. Je ne m'entends pas bien avec mon patron et je ne gagne pas beaucoup d'argent. »

B. Associations. Quelles couleurs associez-vous aux émotions suivantes ? Quelle musique ? Quels temps et paysages ? Quels saveurs/plats ? Remplissez la grille suivante et expliquez vos réponses aux autres.

	Couleur	Musique	Temps/Paysage	Saveur/Plat
la tristesse				
le bonheur				
la satisfaction				
la déception				
la solitude				

C. Exprimez-vous. Comment envisagez-vous vos relations avec les autres ? Répondez aux questions suivantes.

1. Quelles sont vos ambitions à court terme ? à long terme ? En combien de temps espérez-vous concrétiser ces dernières ?

2. Que faites-vous quand vous vous sentez seul(e) ? triste ? euphorique ?

3. Quelle est votre plus grande qualité ? votre pire défaut ? Que faites-vous pour vous en débarrasser ?

4. Qu'est-ce qui vous rend heureux(-se) ? vous contrarie le plus ?

5. Que conseilleriez-vous à quelqu'un qui vient de se disputer avec son/sa meilleur(e) ami(e) et qui ne lui parle plus ? Que conseilleriez-vous à quelqu'un qui vient de rompre avec son ami(e) ?

6. Quelles personnes emmèneriez-vous sur une île déserte ? Pourquoi ? Quelle serait la tâche de chacune ?

7. Qu'est-ce qui vous semble le plus important en amour : l'apparence physique ou les qualités personnelles ?

A vous la parole

Au début d'une relation, on se pose toujours des questions sur son avenir. Comment interpréter le comportement de l'autre ? Comment savoir s'il s'agit d'un bon ou d'un mauvais signe ? En utilisant les questions suivantes, interviewez trois personnes dans la classe et faites une synthèse de leurs opinions. Faites un « rapport » aux autres et discutez-en.

- Si on ne partage pas les mêmes intérêts, une relation durable est-elle exclue ?
- Si l'autre n'attire pas physiquement, malgré une bonne entente, la relation peut-elle durer ?
- Quels signes indiquent qu'une relation stable et harmonieuse se dégrade ?
- Après plusieurs mois passés ensemble, votre ami(e) téléphone de moins en moins fréquemment. Que lui dites-vous ? Que faites-vous ?
- Votre ami(e) oublie votre anniversaire. Que faites-vous ?

Vous cherchez un compagnon/une compagne dans les petites annonces. Les annonces ci-dessous suscitent votre intérêt. Quelles questions poseriez-vous à ces personnes lors de votre première rencontre ? Jouez la scène.

ALGERIEN 22 ANS, 1m70, 80 kg, yeux verts, cheveux noirs, gémeaux ascendant gémeaux, très seul cause timidité, modeste, simple, mais beaucoup de qualités, physique et compagnie agréables, cherche femme calme, logique, motivée, vue mariage. Ecrire au journal qui transmettra.
JE CHERCHE UNE FEMME pour partager mon pavillon situé à Montmagny (95). J'ai 26 ans, séparé depuis 99 et actuellement en cours de divorce. Après cet échec sentimental qui m'a beaucoup marqué, je voudrais refaire ma vie avec une femme simple et gentille qui sache me refaire connaître le bonheur de la vie à deux. Relation basée sur la fidélité, la franchise et bien sûr l'affection et cela, dans le but de créer un couple heureux et uni. Ecrire au journal qui transmettra.
POUR UNE UNION SOLIDE durable, seriez-vous prêt à partager sincérité, compréhension, équilibre, joie de vivre, tendresse, avec plaisir. 20 ans, célibataire, comptable, 1m70, 64 kg,

cheveux châtains, yeux marron verts, allure et caractère jeune. Ecrire au journal qui transmettra.
PATRICK 21 ANS, assez mignon, 1m73, mince, brun, qualités morales, équilibré, bon caractère, humour, très doux, sentimental, désire partager sincérité, tendresse, humour et envisager vie à deux si affinités, avec JF tendre et sérieuse. Pourquoi ne pas lier d'abord amitié ? Ecrire au journal qui transmettra.
JEUNE FILLE CAMEROUNAISE 19 ans, étudiante, sensuelle, séduisante, cherche jeune homme Français, non fumeur, de 19/27 ans, 1m78 maximum, sérieux, motivé, bonne situation. En vue mariage, désirant des enfants. Pas sérieux s'abstenir. Tél + photo souhaités. Ecrire au journal qui transmettra.
F. 20 ANS, LIBRE, blonde, physique agréable, mince, douce, raffinée, féminine, passionnée, sentimentale, à la fois spontanée et réservée, ayant des goûts très éclectiques, désire rencontrer H. 20/25 ans, 1.80m mini, charmant,

distingué, intelligent, cultivé, non fumeur, attentionné, sincère, sécurisant, motivé, ayant le sens de l'humour et possédant de très grandes qualités humaines. Aventuriers ou mariés s'abstenir. Ecrire au journal qui transmettra.
CHARMANTE PETITE BRUNE de 22 ans, sensible, douce, mannequin, cultivée, études sup., cherche son fiancé : solide, tendre, curieux, même profil, aimant convivialité, les enfants, les voyages, les arts, et souhaitant s'engager dans une relation durable. Lettre détaillée et photo indispensables. Ecrire au journal qui transmettra.
75, RP, FEMME BIEN PHYSIQUEMENT, charmante et tendre, 24 ans, équilibrée. Blonde, cheveux courts, yeux verts, 1m70, goûts éclectiques, recherche un homme libre, prévoyant, sobre, épaule solide, physique agréable, cadre de préférence. Tendresse obligée. Pas sérieux s'abstenir. Ecrire au journal qui transmettra.

Que savez-vous des liens entre la pensée et le corps ? Pouvez-vous maîtriser vos réactions physiologiques face à une situation qui suscite une très forte émotion ? Cet article explique l'origine affective et la manifestation physique du coup de foudre.

Lexique

le bouleversement

le coup de foudre

l'éclair (*m.*)

éphémère

la gorge nouée

inverse

irraisonné

les mains moites

se donner une contenance

vagabonder

Avant de discuter

Exprimez-vous. Les coups de foudre existent-ils ? Comment les expliquer ? Répondez aux questions suivantes.

1. Quels sont les symptômes du coup de foudre, selon vous ? En avez-vous déjà éprouvé ? Expliquez.

2. Le coup de foudre, est-ce un bon signe ? Présage-t-il une relation durable ou un rapport passager ?

3. Combien de temps dure un coup de foudre ? Quelle émotion vient après ?

4. Décrivez une situation où vous n'avez pas réussi à contrôler vos émotions. Qu'est-ce qui s'est passé ?

Lecture

Coup de foudre:
Une question d'adrénaline

Une histoire d'amour qui commence comme un éclair, impressionne toujours beaucoup. Mais cette puissance, cette passion qui vous a traversé n'est pas toujours synonyme d'amour durable. Il peut souvent être question d'un moment, d'une période qui passera comme passe une tempête. L'intensité sera cependant tellement forte qu'elle laisse penser qu'elle va durer toujours...

Vous avez entendu parler du coup de foudre. Vous y croyez ou, au contraire, pour vous ça n'existe pas! Mais savez-vous que, médicalement, le coup de foudre peut s'expliquer par un bouleversement métaphysique? Pour connaître les «symptômes» sur le bout de vos doigts...

La Responsable:
L'Adrénaline

Au moment où vous rencontrez une personne qui vous attire, vous ne savez pas

encore pourquoi elle vous attire, ni comment.

• Pourtant, à son contact, vous rougissez, vous passez par des «chaud» et «froid», vos mains sont moites et votre cœur bat à 100 à l'heure... Pour arranger le tout, votre gorge est nouée et vous perdez tous vos moyens.

• Il faut savoir que l'adrénaline accroît la vitesse des pulsations cardiaques, augmente la tension artérielle, dilate la pupille des yeux, augmente le taux de sucre dans le sang; ce qui est peut-être une des raisons pour lesquelles, en cas de coup de foudre, la sensation de faim est coupée.

Après les premiers symptômes…

Vous venez de découvrir cet être merveilleux. Mais voilà! Les symptômes que nous venons d'évoquer concernent le corps. Or il y a aussi ceux qui concernent l'esprit. Lorsque l'on a un coup de foudre, notre personnalité toute entière en est souvent modifiée. Notre attitude envers l'autre va changer de peur de malfaire.

• En général, la peur n'évite pas le danger! Et dans bien des cas nos changements ne vont pas être des plus flatteurs. Il arrive que pour se donner une contenance, certaines femmes se mettent à rire pour un oui ou pour un non. Mais ce n'est pas leur faute:

• Les psychologues ont tendance à dire que certaines attitudes face à un coup de foudre sont irraisonnées, voire inverses à ce qu'il faudrait faire en pareille situation.

• Mais ne serait-ce pas ça, le vrai coup de foudre? Cette sensation de ne plus se contrôler soi-même, de n'être plus maître de ses faits et gestes.

On remarque que le coup de foudre reste un moment éphémère. Cet état peut se modifier dès que la relation est bien installée. Tant que nous ne savons rien de l'autre, notre esprit vagabonde et cherche à idéaliser la personne responsable de notre coup de foudre. Tout est alors possible. Tout paraît vrai. Mais sans être forcément déçu(e), on peut s'apercevoir que la réalité est tout autre.

• Quoi qu'il en soit, le coup de foudre existe bel et bien, et cette immense émotion reste gravée à tout jamais. Que cette relation continue ou non!

Discussion/Activités

A. Les faits. Répondez aux questions suivantes en vous appuyant sur la lecture.

1. Le coup de foudre, présage-t-il un rapport durable ?

2. Quels sont les symptômes d'un coup de foudre ? Expliquez-les sur le plan physique. Et le comportement, comment change-t-il ?

3. Comment les psychologues caractérisent-ils les coups de foudre ?

4. Quel est le rôle de l'adrénaline dans le coup de foudre ?

5. Qu'est-ce que vous diriez à un(e) ami(e) qui éprouve un coup de foudre et qui en est troublé(e) ?

B. Et vous ? Avez-vous remarqué d'autres liens entre votre état d'esprit et votre santé ? Racontez.

C. La pensée positive. Les pensées négatives peuvent rendre une situation encore plus angoissante. Comment transformeriez-vous les pensées négatives suivantes en pensées positives ?

1. « J'ai peur de cet examen. J'ai beaucoup travaillé mais j'ai toujours des problèmes avec les verbes. Je sais que je vais mélanger toutes les conjugaisons. Je ne réussis jamais à mes examens. »

2. « J'ai horreur de l'avion. Je me sens angoissé, impuissant. S'il y a un problème en vol, qu'est-ce qu'on peut faire, on est à une altitude de 12 000 mètres ? »

3. « Et si ce rhume empire ? J'ai beaucoup de choses à faire, j'ai un voyage d'affaires vendredi et je dois faire un rapport à mon retour. Ceci m'arrive tout le temps, j'ai toujours un rhume quand j'ai le plus de travail. Je suis sûr que je serai trop malade pour voyager. »

D. Un profil. Posez des questions à un(e) camarade pour déterminer s'il/si elle mène une vie saine. Après avoir analysé ses réponses, dites-lui ce qu'il/ elle pourrait faire pour trouver son équilibre.

N'oubliez pas d'ajouter les nouvelles expressions que vous avez apprises dans ce chapitre à votre lexique personnel.

Lexique personnel

CHAPITRE

8

L'éducation et l'enseignement

L'éducation commence dès la naissance : c'est au sein de la famille que des valeurs morales et culturelles sont inculquées à l'enfant. Vient ensuite l'instruction formelle, au cours de laquelle l'enfant acquiert des connaissances intellectuelles et pratiques. Quelle relation y a-t-il entre l'éducation et l'enseignement ?

Interview avec Michel B., 25 ans, étudiant lyonnais, candidat de maîtrise à l'Université d'Oregon. Regardez les questions posées à Michel. Puis, écoutez l'interview une fois en prenant des notes. Écoutez encore une fois et répondez aux questions de l'exercice.

1. Quels sont les traits d'un enfant bien élevé ? mal élevé ?
   Notes :
   Complétez en rappelant les mots de l'interviewé :
   • Un enfant mal élevé, c'est...
   • Un enfant bien élevé, ce serait plutôt quelqu'un qui...

2. Est-ce que tu peux me donner un exemple précis ?
   Notes :
   • Donnez deux exemples cités par Michel.
     a.
     b.

3. Est-il possible qu'un enfant mal élevé se transforme ? Comment ?
   Notes :
   • Qu'est-ce que les parents doivent faire ? Qu'est-ce qu'ils ne devraient pas faire ?

4. Quelles valeurs culturelles est-ce que l'école inculque aux enfants ? Est-ce que c'est aussi la responsabilité des parents ?
   Notes :
   • Quelles valeurs Michel mentionne-t-il ?
   • Donnez une définition du mot « civisme ».
   • Vrai ou faux ? Selon Michel, les instituteurs sont seuls responsables de l'éducation des enfants. Justifiez votre réponse en notant les expressions dont se sert Michel pour adresser ce point.

5. Est-ce que tu penses que l'enfant devrait avoir le droit de « divorcer » de ses parents ?
   Notes :
   • Pourquoi est-ce que Michel est opposé à cette notion ?

6. L'adolescence est souvent une période de « rébellion ». Actuellement, quels sont les signes de cette rébellion ?
   Notes :
   • De quel signe Michel parle-t-il ?
   • A quoi ce signe est-il lié ?

7. Quelle est l'importance de cette période ?
   Notes :
   • Selon Michel, cette période représente un _____
     _____.

8. Quelles différences définissent les jeunes par rapport aux adultes en ce moment ?
   Notes :
   • Quelle est l'importance de la Communauté européenne pour les jeunes ?

Etape 1

Le lexique suivant vous aidera à parler de votre éducation.

Lexique

l'adolescent (l'ado (*m. f.*))/l'adolescence (*f.*)

la créativité, l'expression (*f.*), la liberté

distinguer entre le bien et le mal

l'enfant (*m.*)/l'enfance (*f.*)

élever un enfant

encourager/décourager

être bien/mal élevé(e)

être doué(e) en

être (plus/moins) âgé(e)

les goûts (*m.*)

grandir/développer

limiter

la naissance

punir/la punition

les traits (*m.*) de caractère

les valeurs (*f.*) : l'honnêteté (*f.*), la sagesse, la moralité, le jugement

Tout le monde a son propre système pour bien élever un enfant. Que devrait-on faire ? ou ne jamais faire ? Ces expressions vous aideront à formuler des règles.

Outils

Pour parler de la nécessité

Il faut...
Il est nécessaire de...
Il est essentiel de...   transmettre des valeurs à l'enfant.
On doit...
On devrait...

Pour conseiller/déconseiller

Je vous conseille d'...   encourager la créativité chez l'enfant dès un
Il est conseillé d'...   très jeune âge.

Il est déconseillé de...
On ne devrait pas...   limiter l'expression de l'adolescent.
Il ne faut pas...

Si j'étais vous, je ne punirais pas l'enfant.

Les mots pour le dire

A. Les âges de la vie. Quels comportements caractérisent les périodes suivantes ? Remplissez la grille.

2 – 3 ans	• esprit de contradiction
	•
	•
13 – 16 ans	• changement physique
	•
	•
18 – 22 ans	• plus d'indépendance dans le jugement
	•

B. Conseils. Dans les situations suivantes, dites ce que vous feriez et ce que vous ne feriez pas. Utilisez une variété d'expressions pour formuler vos conseils.

Situation	Conseillé	Déconseillé
Votre enfant a un accès de colère au restaurant.		
Votre adolescent fait une fugue; il/elle revient après deux jours.		
Votre enfant veut devenir artiste mais n'est pas doué(e).		
Votre adolescent a des ami(e)s qui font partie d'un gang.		
Votre enfant passe tout son temps seul(e) dans sa chambre.		

C. Le savoir-vivre. Voici des extraits d'un livre sur le savoir-vivre. Que pensez-vous des règles de conduite proposées aux enfants ? Sont-elles trop sévères ou trop laxistes ? Les suivriez-vous ? Que proposeriez-vous à leur place ?

1. L'enfant ne doit pas adresser la parole aux amis de ses parents, ni leur demander de jouer avec lui ou de lui raconter des histoires.

2. Une mère n'emmènera ses enfants ni dans un salon de thé (où ils s'ennuient généralement) ni à des expositions ou à des spectacles qui dépassent leur compréhension. Si l'on ne dispose pas d'une personne de confiance pour les garder, il vaut mieux se priver d'un spectacle plutôt que d'y emmener un enfant qui s'endormira dans son fauteuil ou entendra des chansons ou des sketches ne correspondant pas à son âge.

3. Il ne faut jamais humilier l'enfant en le réprimandant devant une tierce personne : on risque de le heurter et de provoquer une réaction différente de celle escomptée.

4. L'enfant dit bonjour le premier, mais ne donne la main que si on la lui tend. Il remercie pour le moindre service rendu, ne demande rien sans dire « s'il vous plaît » ou « je vous en prie », n'interrompt quelqu'un dans son mouvement ou dans son travail qu'en débutant par une excuse : « pardon, N... » ou « je vous demande pardon, voudriez-vous... »

5. Tant qu'il est assis sur sa chaise, devant la table, l'enfant doit se tenir droit, face à son assiette, les coudes au corps pour bien se tenir et sans envoyer sous la nappe des coups de pied dans toutes les directions. Il mangera doucement par petites bouchées. Il s'essuiera avant et après avoir bu. Il ne prendra jamais rien dans son assiette avec ses doigts. Il ne parlera ni ne boira la bouche pleine. Il n'élèvera la voix, ni ne parlera le premier, ne demandera rien sur un ton exigeant ni ne remplira son assiette en choisissant dans le plat ses morceaux préférés. Il n'insistera pas pour être servi une seconde fois si on lui fait signe qu'il a assez mangé. Et si une grande personne parle, il ne lui coupera jamais la parole.

6. Un enfant bien élevé va se coucher dès qu'on le lui dit, sans caprices ni pleurnicheries. On ne lui permettra pas d'assister à un repas où sont conviés des amis, à moins que ceux-ci ne soient des intimes, la présence d'un enfant trop jeune étant toujours un obstacle à la conversation.

D. Le courrier du cœur. L'adolescence est une période difficile, on le sait. A qui demander des conseils quand on a des problèmes ? Aux parents, qui ne sont pas souvent très compréhensifs ? Une autre solution, c'est le courrier du cœur. Voici quelques lettres tirées du courrier du cœur d'un magazine féminin. Avant de lire les conseils, formulez vos propres solutions aux problèmes.

Catherine, 17 ans

Je suis sortie à une soirée avec un garçon qui a ensuite dit à ses copains que j'avais couché avec lui, chose totalement fausse. Le problème, c'est que cette histoire a eu des répercussions sur un ami qui, depuis, ne m'adresse presque plus la parole. Qu'est-ce qu'il faut lui dire pour démentir cette histoire ?

Lise, 15 ans

Je suis timide, vraiment timide. Je reste dans un coin, je ne parle presque pas. J'ai peur de dire des bêtises. J'aimerais tant dire quelque chose d'intéressant, passer pour une fille sympa. Connaissez-vous un truc ?

Nathalie

A douze ans, j'ai obtenu un « prix de mérite ». Or, je n'avais rencontré que peu de difficultés. Où était le mérite ? Quel mérite y a-t-il à nous soumettre aux règles d'une société plus soucieuse de préserver ses structures que du bonheur des individus ? Quel mérite y a-t-il à être née dans une famille bourgeoise plutôt que dans un bidonville ?

Les réponses. Voici les réponses de Marcelle Ségal. Qu'en pensez-vous ? Etes-vous d'accord ou préférez-vous vos propres conseils ?

Catherine

On voit dans cette histoire un don juan boutonneux se consoler de ses échecs avec des vantardises. Des petits copains trop heureux de le répéter : un innocent prêt à y croire. Pour le détromper, dites-lui en riant : « Tu connais la nouvelle ? Il paraît que je couche dans les coins avec Chose ? Tu l'as cru, toi qui me connais ? » Riez ensemble et ne plus y penser, ne plus en parler.

Lise

J'en connais un très simple, sans danger. Ecoute ! Ecoute l'orateur de la petite bande. Avec toute ton attention, toute ta personne. En rigolant aux bons endroits; en questionnant au besoin. Il te découvrira, te trouvera pas bête du tout, intelligente, même remarquable. Parce que tu l'auras remarqué ! Tu veux être sympa, Lise ? Ne pense pas à parler, écoute. Tu parleras plus tard, quand tu auras mieux à dire que des bêtises.

Nathalie

Aucun, c'est évident mais, riches ou pauvres, les enfants ne réussissent pas sans difficultés. Le petit « bidonville » souffre du manque de confort, de soins médicaux, de moyens, de culture, de son environnement. Le « gosse de riches » de l'excès de nourriture, de soins, de facilités, de distractions qui le dispensent d'efforts et le détournent de l'étude. Le petit immigré, il est le plus motivé : il sait que, pour sortir de sa situation, pour rattraper les autres, il faudra qu'il bosse plus que les autres. Finalement, les moins handicapés de tous sont les enfants des classes moyennes. Le mérite, dans tout cela ? Le Bon Dieu en jugera.

E. Exprimez-vous. Répondez aux questions suivantes en exprimant votre opinion.

1. Pour vous, quels sont les traits d'un enfant bien élevé ? mal élevé ? Est-il possible qu'un enfant « mal élevé » se transforme ? Comment ?

2. Quelles valeurs culturelles l'école inculque-t-elle aux enfants ? Est-ce aux instituteurs/institutrices de former le système des valeurs de l'enfant ?

3. Pensez-vous qu'un enfant devrait avoir le droit de « divorcer » de ses parents, au cas où ceux-ci le maltraiteraient ou l'abandonneraient pendant une période ?

4. Certains pensent qu'on a tort de continuer à avoir des enfants, puisque le monde est déjà surpeuplé et nos ressources sont limitées. Etes-vous d'accord ?

5. Que devrait-on faire pour développer les valeurs suivantes chez l'enfant ?
   - le sens des responsabilités
   - l'honnêteté
   - la politesse

6. L'adolescence est souvent une période de « rébellion ». Actuellement, quels sont les signes de cette rébellion ? Quelles en sont les raisons ? Quelle est l'importance de cette période pour l'adolescent ?

7. Quelles différences établissent les jeunes par rapport aux adultes en ce moment ?

Pourquoi avons-nous le corps que nous avons ?

Testez-vous

Chaque cellule de notre corps contient un schéma génétique qui détermine l'ensemble de nos caractéristiques physiques, par exemple la couleur de nos cheveux et celle de notre peau, le sexe et la plupart de nos aptitudes potentielles.

La nature nous a dotés de ce schéma, dont la moitié nous vient de notre mère et l'autre moitié de notre père, qui, à leur tour, l'ont reçu de leurs parents, etc.

Lors du processus de croissance nous avons beaucoup appris, par exemple comment manger et comment nous comporter en société. Ce processus porte le nom d'éducation.

Quelle est la part de l'héréditaires et quelle est celle de l'éducation ? En général, les particularités dites héréditaires ne se retrouvent pas seulement parmi les membres de la famille proche, mais déjà dans les générations précédentes et dans la descendance de celles-ci. Un arbre généalogique est reproduit à la page 103. En choisissant quelques-unes de vos caractéristiques physiques et en reprenant les membres de votre famille qui présentent la même particularité, vous parviendrez à déterminer si vous avez hérité de ces particularités ou si vous les avez acquises. Certaines d'entre elles, comme la couleur des cheveux, sont clairement héréditaires. D'autres, qui n'apparaissent pas du tout dans les générations précédentes, sont probablement le résultat de l'éducation.

Comment compléter l'arbre généalogique ?

Commencez par noter les noms et prénoms de vos arrière-grands-parents et de vos grands-parents. Pour la génération de vos parents, notez également les noms et prénoms de leurs frères et sœurs (vos oncles et tantes) et de leurs descendants, c'est-à-dire de vos cousins. De part et d'autre de vos nom et prénom indiquez ceux de vos frères et sœurs et le cas échéant, ceux de leurs enfants (vos neveux et nièces). Enfin, vous pouvez également inclure vos propres enfants et, le cas échéant, vos petits-enfants, ceci afin d'examiner s'ils présentent les mêmes particularités physiques que vous. Si vous avez été adopté et si vous ne connaissez pas votre famille bibliogique, nous vous proposons de dresser l'arbre généalogique de votre famille adoptive. Ainsi, vous pourrez découvrir les similitudes qui existent entre vous. A votre grand étonnement, vous constaterez peut-être que vous avez plus en commun avec eux que vous ne l'imaginiez.

Vos particularités physiques

Notez dans ce tableau (page suivante) les particularités physiques dont vous aimeriez vérifier la présence dans votre famille. Nous en avons indiqué trois, à vous de continuer. Symbolisez chaque caractéristique par un point de couleur ou par un autre signe. Notez-les à côté de chaque caractéristique. Ainsi par exemple, les couleurs de base des cheveux sont le noir, le blond, le châtain, le roux et le blanc, vous pourriez donc attribuer un point de couleur àla couleur de vos cheveux. Les adultes peuvent être classés suivant leur taille en grands, symbole G (plus de 183 cm), en moyens, symbole M (entre 152 et 183 cm) et en petits, symbole P (moins de 152 cm). Il existe des nez de toutes les formes, mais puisque vous ne rechercherez que la trace de la forme du vôtre, trouvez-lui un symbole approprié.

Veuillez également inclure dans cette recherche les incapacités ou singularités physiques, comme les pieds plats ou les yeux de couleur différente. Pensez aussi aux aptitudes intellectuelles telles que "par-ticulièrement doué pour les langues", par exemple.

Caractéristiques physiques et symboles			
Couleur des cheveux			
Forme du nez			
Taille adulte			

Comment introduire ces caractéristiques dans l'arbre généalogique ?
Marquez du symbole tous les membres de votre famille qui présentent les mêmes caractéristiques que vous.

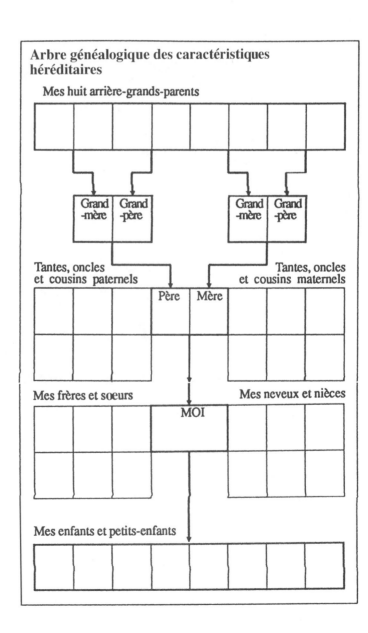

Arbre généalogique des caractéristiques héréditaires

Mes huit arrière-grands-parents

Grand -mère Grand -père Grand -mère Grand -père

Tantes, oncles et cousins paternels

Tantes, oncles et cousins maternels

Père Mère

Mes frères et soeurs

Mes neveux et nièces

MOI

Mes enfants et petits-enfants

Combien de caractéristiques physiques arrivez-vous à retracer jusqu'à vos arrière-grands-parents ? Vous constaterez que la forme de votre corps est déterminée par un grand nombre de personnes, à savoir par 16 arrière-arrière-grands-parents et par 32 personnes de la génération précédant celle-là. Combien de comportements avez-vous acquis en imitant vos parents ? Vos parents ont-ils imité leurs parents ? Quelle est la part d'hérédité, quelle est la part de l'éducation ?

- A qui ressemblez-vous le plus ? Vous entendez-vous bien avec cette personne ?
- A qui ressemblez-vous le moins ? Comment sont vos relations avec cette personne ?
- Selon vous, qu'est-ce qui a eu le plus d'influence sur votre développement : l'hérédité ou l'éducation ?

A vous la parole

Etant expert(e)s en psychologie de l'enfant, on vous demande, à vous et à votre collègue, de participer à une émission à la radio. Les auditeurs, interprétés par vos camarades de classe, téléphonent pour vous demander des conseils. Vous répondez en énonçant vos principes sur l'éducation des enfants.

Etape 2

La scolarisation assure non seulement l'acquisition de certaines connaissances formelles, mais sur un plan plus large, intègre l'enfant à l'état et à la société. Pour parler de ce procédé, vous aurez besoin des expressions aux pages 104–105.

ECOLE UNIVERSELLE
Institution d'Enseignement Privé par Correspondance - Fondée en 1907
Première Ecole Fondée pour l'application de l'enseignement par correspondance à toutes les branches du savoir (1907)
Secondaire - Enseignement supérieur - Grandes Ecoles - Social et Paramédical - Fonction publique
Comptabilité - Banque - Assurances - Commerce - Publicité - Tourisme - Hôtellerie - Secrétariat
Bureautique - Informatique - Langues étrangères - Culture générale - Esthétique - Coiffure - Couture
Dessin - Peinture - Musique - Journalisme - Ressources Humaines - Photographie
28, rue Pasteur - 92551 SAINT-CLOUD Cedex
(16-1) 47.71.91.19

Lexique

aller/faire ses études à l'université

le baccalauréat (le bac)

le cours de rattrapage

le cours obligatoire/facultatif

le diplôme universitaire: la licence/la maîtrise/le doctorat (en anglais, etc.)

l'école primaire (f.)/le C.E.S./le lycée/l'université (f.)

être recalé à = échouer à

être reçu à = réussir à

l'instituteur (m.)/l'institutrice (f.)/le professeur

les matières (f.)/les cours (m.)/les études (f.)/le cursus (m.)

les notes (f.)

obtenir un diplôme

passer un examen

préparer un examen/un mémoire

redoubler

la scolarité (obligatoire)

se spécialiser en/une spécialisation en/être spécialiste en

s'inscrire à/dans un cours de...

Les mots pour le dire

A. Mots apparentés. Remplissez la grille suivante en mettant le mot demandé pour chaque catégorie.

Substantif	Autre substantif apparenté	Adjectif correspondant	Infinitif
l'obtention			
		universitaire	
	la scolarité		
	la notation		
			étudier
		doctoral	
			rattraper
		préparatoire	

B. Interview. Interrogez un(e) camarade. Posez-lui les questions suivantes; notez ses réponses et présentez-les aux autres. Demandez-lui...

1. s'il/si elle est content(e) de sa vie universitaire, ce qu'il/elle changerait s'il/si elle pouvait.

2. de quel(s) cours il/elle a profité le plus/moins et pourquoi.

3. quelles sont les caractéristiques d'un bon professeur et comment ces caractéristiques rendent l'enseignement plus efficace.

4. si l'atmosphère sur le campus est trop conservatrice ou trop libérale. Donnez des exemples.

5. quels sont les problèmes critiques actuellement sur le campus et quelles solutions il/elle envisage.

6. si l'administration répond ou non aux besoins/exigences des étudiants. Donnez des exemples.

C. Différences culturelles. Que savez-vous déjà sur le système d'enseignement en France ? Répondez aux questions suivantes et puis comparez le système français au système américain. Lequel préférez-vous ?

1. A quel moment les étudiants français commencent-ils à se spécialiser ?

2. Qu'est-ce que c'est que le conseil de classe ?

3. Que faut-il faire pour entrer dans une université française ?

4. La présence est-elle obligatoire à tous les cours ?

5. Qu'est-ce que c'est qu'un cours magistral ? Quel est le rôle du professeur ?

6. Quel système de notation est utilisé dans les cours français ?

D. Une bande dessinée. Quel est le message de cette bande dessinée ? Etes-vous d'accord ? Vous choque-t-il ?

E. Opinions. Par petits groupes, discutez des sujets suivants. Faites un résumé de votre discussion et présentez-le à la classe. Quelles opinions sont partagées par la majorité des étudiants ?

1. Les notes devraient être abolies et remplacées par une évaluation écrite.

2. Il devrait y avoir un cursus national au niveau secondaire.

3. Les étudiants devraient passer un examen en sortant du lycée.

4. Le rôle de l'université, c'est de préparer l'étudiant au monde du travail.

5. Le système universitaire devrait être réformé pour donner plus de choix à l'étudiant.

A vous la parole

Etes-vous pour ou contre des cours obligatoires (de langues, de sciences, de civilisation, etc.) à votre université ? Pour ce débat, la classe se divisera en deux, selon les points de vue. Chaque groupe établira son argumentation et la présentera aux autres qui y répondront en donnant leurs points de vue.

Etape 3

Les cancres : qu'est-ce qui explique leur comportement ? Peuvent-ils réussir dans la vie, s'ils ne réussissent pas à l'école? L'article que vous allez lire vous aidera à comprendre leur situation.

Lexique

l'apologie (*f.*)	le fou rire	le scepticisme
le désarroi	indocile/l'indocilité	s'endormir
dissimuler	perturber	surdoué(e)
dissiper	prodige	

Préparation à la lecture

A. Exprimez-vous. Répondez aux questions suivantes.

1. Regardez la photo des élèves. Qui est le cancre ? Que fait-il ? Imaginez ses pensées en ce moment.

2. Y avait-il un cancre dans votre classe quand vous étiez petit(e) ? Que faisait-il ?

B. Un poème. Lisez le poème de Prévert et puis faites le portrait du cancre en répondant aux questions suivantes.

« Le cancre » de Jacques Prévert

Il dit non avec la tête
mais il dit oui avec le cœur
il dit oui à ce qu'il aime
il dit non au professeur
il est debout
on le questionne
et tous les problèmes sont posés
soudain le fou rire le prend
et il efface tout

les chiffres et les mots
les dates et les noms
les phrases et les pièges
et malgré les menaces du maître
sous les huées des enfants prodiges
avec des craies de toutes les couleurs
sur le tableau noir du malheur
il dessine le visage du bonheur.

Jacques PRÉVERT, « Le Cancre » in *Paroles*, © Editions Gallimard.

1. Le cancre, peut-il répondre aux questions du professeur ?
2. Comment est-ce que le maître le traite ? et les autres élèves ?
3. Qu'est-ce qui guide le cancre, son intellect ou son émotion ?
4. Quel est, selon vous, le bonheur du cancre ?

Lecture

L'apologie du cancre

Son indocilité et son énergie en feront plus tard un gagneur. En classe, il parle, gigote, incapable de se tenir tranquille. Il dissipe ses camarades, ou s'endort près du radiateur... Pas de panique, le cancre peut, parfois, dissimuler d'immenses qualités. Jacques de Schryver affirme dans *la Revanche du cancre* (éd. Filipacchi) que ces traits de caractère, pris pour des défauts chez l'enfant, sont des qualités de réussite chez l'adulte. «Dans un système scolaire directif, où les connaissances sont plus absorbées que réinventées, le cancre s'exprime de façon indocile. Son scepticisme, son désarroi face aux aspects dogmatiques, sa lenteur naturelle liée peut-être à son instinct, à sa prudence, aux questions qu'il voudrait poser sans être capable de les formuler, le transforment en tortue face à des lièvres de la mémoire.»

Ces élèves seront, selon l'auteur, les rois du XXè siècle qui exigera plus de tempéraments indociles prêts à découvrir leurs propres voies. La revanche, dont parle Jacques de Schryver, consiste donc à utiliser positivement son potentiel de rebelle et son énergie excessive pour en tirer un profit constant. Rebelle ou non, le cancre manifeste, par son agitation, son inadaptation au système scolaire français. Il peut aussi présenter toutes les caractéristiques d'un surdoué en butte avec son environnement. Tous ces symptômes ne sont que l'expression d'une créativité perturbée.

Son scepticisme face au système scolaire directif met le cancre en marge des élèves bien sages.

Zola

Recalé à cause du français!
Il rate son bac et devient le romancier le plus célèbre de son temps en se battant contre les injustices.

Voltaire

Il sèche la fac de droit.

Il abandonne ses études pour consacrer toute sa vie à dénoncer les fanatismes et l'intolérance de son temps.

Discussion/Activités

A. Compréhension. Lisez les titres pour répondre aux questions suivantes.

1. Donnez le synonyme français pour le mot « apologie » dans le contexte de cet article.

2. Cet article est-il pour ou contre le cancre ?

3. Qu'est-ce qui pourrait expliquer ou justifier les actions du cancre ?

B. Descriptions. L'article fait appel à plusieurs sortes de personnes. Quels sont les traits de caractère que l'on associe avec ces personnages-types ?

1. un cancre

2. un gagneur

3. une tortue (sens figuré)

4. un lièvre (sens figuré)

5. un roi (sens figuré)

6. un élève indocile

7. un surdoué en butte avec son environnement

C. La réussite. Relisez les descriptions de Zola et de Voltaire. Connaissez-vous d'autres hommes ou femmes célèbres qui n'étaient pas des élèves bien sages ? Racontez leur histoire.

D. Jeu de rôle. Un professeur parle à la mère ou au père d'un cancre. Le professeur explique le comportement de l'élève, tandis que le parent fait l'apologie de son enfant. Qui est le plus convaincant ?

N'oubliez pas d'ajouter les nouvelles expressions que vous avez apprises dans ce chapitre à votre lexique personnel.

Lexique personnel

CHAPITRE

9

Les médias : gros atouts ou grands abus ?

La télé, les films, la publicité : les médias sont omniprésents, et de plus en plus, omnipotents, semble-t-il. Quel est leur rôle dans la société : des agents pour plaire et instruire ou des forces qui incitent au matérialisme, à la violence et à la dissolution ? Parlons-en....

Entretien

Interview avec Mme L., la soixantaine, Parisienne habitant la région de Philadelphie depuis 20 ans. Regardez les questions posées à Mme L. Puis, écoutez l'interview une fois en prenant des notes. Ecoutez encore une fois et répondez aux questions de l'exercice.

1. Quel médium vous influence le plus ?

   Notes :
   • Le médium qui influence le plus Mme L., c'est _____.

2. Pourquoi ?

   Notes :
   • Quelles sortes d'émissions est-ce que Mme L. aime regarder à la télé ?
   • Quel autre médium est-ce que Mme L. aime ?
   • En particulier, quelle sorte d'émission préfère-t-elle ?

3. Est-ce qu'il y a trop de violence à la télé ?

   Notes :
   • Quelle expression est-ce que Mme L. utilise pour affirmer son accord avec le locuteur ?
   • Trouvez quatre expressions dont Mme L. se sert pour caractériser la télévision américaine.

4. Donc cette violence exerce une mauvaise influence sur la société ?

   Notes :
   • Quel exemple précis Mme L. cite-t-elle pour soutenir son opinion ?
   • Quelle est la conclusion de Mme L. ?

5. Est-ce que vous pensez que le gouvernement devrait intervenir pour arrêter la violence ?

   Remplissez les blancs :
   Absolument, il devrait, c'est le gouvernement qui doit vraiment _____ ou aider le peuple à surmonter cette violence, ah oui, je suis d'accord là-dessus, moi je trouve que le gouvernement, le _____ de chaque état, ou même le Président devrait agir, nous sommes arrivés à un niveau de violence où _____, il faut revenir en arrière, oui, ça je suis d'accord là-dessus.

6. Est-ce que vous connaissez des gens qui n'ont pas de télé ?

   Notes :
   • Quelle expression est-ce que Mme L. utilise pour renforcer la négation ? Non, _____.

7. Selon vous, est-ce que les vedettes de cinéma servent de modèles pour la société ?

   Notes :
   • Quelle expression Mme L. utilise-t-elle pour donner son opinion ?
   • Mme L. pense que les jeunes considèrent les vedettes comme _____.

8. Pour vous, qu'est-ce qui vous influence le plus dans une publicité ?

   Notes :
   • Quel est le travail de Mme L. ?
   • Quelles sortes d'objets l'intéressent ?

9. Est-ce qu'il y a une publicité en particulier qui vous a incité à acheter un produit ?

   Notes :
   • Quelles sont les deux choses qui inciteraient Mme L. à acheter un produit ?

Les médias nous confrontent à chaque moment. Identifions-les et parlons de leur importance.

Lexique

l'acheteur (*m.*)/le consommateur/le public/la cible

la campagne publicitaire (efficace)

la cassette vidéo

le clip vidéo

la distraction

le drame psychologique/le documentaire

l'émission (*f.*) à la télé/le film à grand succès/le navet

le film (de suspense/d'horreur/d'aventure/de science-fiction)

l'image (*f.*)

le journal : les gros titres (*m.*); les éditoriaux (*m.*);
   l'actualité (*f.*) à la une; le carnet du jour

le loisir

le média/les médias

la presse

la publicité (la pub)

la radio

le spot (publicitaire)

la télé

Que pensez-vous de l'influence des médias ? Ces expressions vous aideront à vous exprimer sur ce sujet.

Outils

Pour demander/donner son opinion

Qu'est-ce que vous pensez de
Comment trouvez-vous } ce panneau d'affichage ?
Qu'en pensez-vous ?
Comment le trouvez-vous ?

Je crois
Je pense
Je trouve } que les médias ont trop d'influence.
Il me semble

A mon avis,
Selon moi, } on devrait supprimer les spots
   publicitaires.

Je suis (tout à fait/entièrement/complètement) d'accord (avec vous).
Vous avez (tout à fait) raison.
Je ne suis pas (du tout) d'accord.
Vous avez tort.

Par quels moyens les médias nous influencent-ils ? Les expressions suivantes faciliteront la discussion.

Lexique

amuser/distraire

avoir un impact

cibler un public

inciter (à la violence, au matérialisme)

influencer/exercer une influence sur/influer sur

instruire

lancer une campagne publicitaire

provoquer/causer le crime/les problèmes de société

servir de modèle

vendre un produit

Il y a au moins deux côtés dans une question. Les expressions suivantes vous permettront de discuter des côtés positifs et négatifs des médias.

Pour donner son opinion (suite)

Je trouve que les médias ont une	bonne	mauvaise	influence sur les jeunes.
Je trouve que les médias ont un impact	positif	négatif.	
	anodin	néfaste.	
	important	minime.	
Les spots publicitaires sont	efficaces	inefficaces.	
	importants	inutiles.	
	influents	sans effet.	

Les mots pour le dire

A. Synonymes et antonymes. Pour les expressions suivantes en italique, donnez une phrase synonyme (=) ou antonyme (≠), selon les indications.

1. Les médias *exercent une grande influence* sur la société. =

_____

2. Je trouve que les spots publicitaires *sont vraiment sans effet* sur les consommateurs visés. ≠

_____

3. *Je ne suis pas d'accord avec vous.* ≠

_____

4. *Que pensez-vous de* cette campagne publicitaire? =

_____

5. *Je pense qu'elle ne sera pas du tout efficace.* =

_____

6. *Les consommateurs* sont beaucoup plus astucieux. =

_____

B. Atouts et défauts. Quels sont les atouts et défauts des médias suivants pour vendre un produit au public ?

Média	Atouts	Défauts
la radio	• relativement économe • ne demande pas beaucoup de support technique pour créer une publicité • facilité de modifier, retirer une publicité • possibilité d'atteindre un public local	• sans image, donc moins d'efficacité • n'atteint pas un grand public
la presse		
la télé		
un panneau d'affichage		
le téléphone		
un site web		
la visite d'un vendeur		

C. Habitudes. Faites le sondage suivant pour mieux comprendre les habitudes et les intérêts de vos camarades. Demandez à un(e) camarade...

1. combien de fois par semaine il/elle va au cinéma et quel film il/elle a vu tout récemment.
2. combien d'heures par semaine il/elle regarde la télé et quelle(s) émission(s) il/elle préfère.
3. s'il/si elle lit le journal régulièrement; quel journal il/elle préfère et pourquoi; quelle(s) rubrique(s) il/elle préfère.
4. quels magazines il/elle lit régulièrement.
5. s'il/si elle écoute la radio souvent; quand il/elle l'écoute et quelle sorte de station il/elle préfère.
6. s'il/si elle fait attention aux publicités à la télé ou s'il/si elle les « zappe ».

Maintenant, faites le profil de toute la classe. Quel média semble conquérir la plupart des étudiants ?

D. A la télé. Qu'y a-t-il à la télé ce soir ? Regardez le document suivant. Quels programmes vous intéressent le plus ? le moins ? Quels programmes choisiriez-vous pour un enfant de 8 ans ? et pour un adolescent ? Quel(s) programme(s) leur interdiriez-vous ? Pourquoi ? Si vous pouviez choisir, que serait une soirée « idéale » de télévision pour vous ?

E. Exprimez-vous. Quelle est l'importance des médias ? Devraient-ils être contrôlés ? Répondez aux questions suivantes en ajoutant autant de détails que possible.

1. Connaissez-vous des gens qui n'ont pas de télévision ? de radio ? Pourquoi ont-ils décidé de s'en dispenser ? En quoi leur vie est-elle enrichie/ appauvrie par cette décision ?

2. Y a-t-il trop de violence à la télé ? Cette violence exerce-t-elle une mauvaise influence sur la société ? Est-ce que le gouvernement devrait intervenir pour modifier le contenu des émissions ?

3. Selon vous, les vedettes de cinéma servent-elles de modèles à la société ? Leur comportement et leurs valeurs influencent-ils le public ?

4. Qu'est-ce qui vous influence le plus dans une publicité ? Une publicité particulière vous a-t-elle incité(e) à acheter un produit ? Lequel ? Pourquoi ?

5. Quelles images et quels slogans publicitaires se sont introduits dans le langage/la conscience du public ? Pourquoi ces image/ces slogans en particulier ?

Testez-vous

Les slogans. A quel produit les phrases suivantes pourraient-elles être liées ? Choisissez un produit correspondant à un des slogans suivants.

a. « On ne peut pas toujours vivre d'amour et d'eau fraîche. »

b. « Sentez. A quoi pensez-vous ? »

c. « Chantons sous la neige ! »

d. « La poussière s'en va, le brillant est là ! »

e. « Bien recevoir, c'est tout un art. »

1.

2.

3.

4.

5.

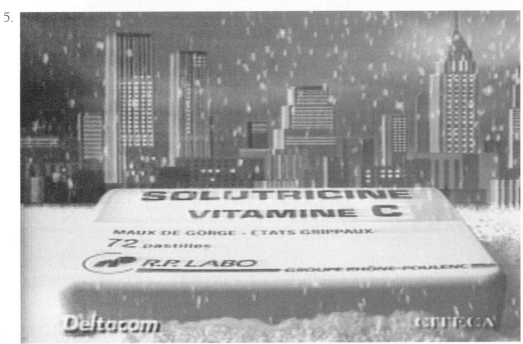

Votre professeur vous donnera les réponses.

• Quel lien est établi entre le produit et le slogan/la musique ?

• A quelles qualités fait-on appel dans les publicités ?

• Faites votre propre slogan pour les produits aux pages précédentes.

A vous la parole

Avec un partenaire, inventez un « produit miracle ». Ensuite, pensez au public cible et mettez au point un sondage pour déterminer si votre produit aura du succès auprès de ce public. Ebauchez une campagne publicitaire : quels supports choisirez-vous pour diffuser votre publicité ? Inventez un slogan.

Etape 2

Dans l'étape précédente, on a abordé la question du contrôle gouvernemental des médias. Parlons-en plus profondément. Dans quelle mesure la liberté d'expression devrait-elle céder la place au bien-être public ? Les expressions suivantes serviront de point de départ pour notre discussion.

Lexique

censurer/la censure	la majorité/la minorité
la communauté	la pornographie
la Constitution	le premier amendement
le droit (fondamental)/la garantie	le style de vie
le groupe de pression	la valeur artistique
l'intérêt/le goût	les valeurs morales/la moralité
la liberté d'expression	

Les mots pour le dire

A. Enrichissez votre vocabulaire. Quel adjectif correspond aux substantifs suivants ?

MODELE : l'intérêt → intéressant

1. la majorité _____

2. la moralité _____

3. la communauté _____

4. la pornographie _____

5. la constitution _____

6. la minorité _____

B. Associations. Quels autres mots associez-vous aux mots suivants ? Comparez vos associations à celles de vos camarades de classe.

MODELE :

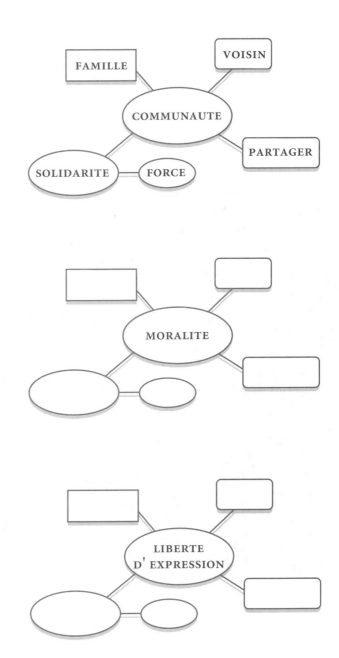

Maintenant, faites une liste des associations générées par les autres dans la classe. Essayez de les grouper en catégories thématiques. Y voyez-vous des significations plus larges ? des attitudes ou des préjugés ?

C. Opinions. Dites si vous êtes d'accord ou non avec les affirmations suivantes. Justifiez votre réponse.

1. On devrait interdire la vente des disques compacts contenant des blasphèmes ou des paroles qui pourraient inciter des gens à la violence.

2. Le gouvernement devrait créer une agence pour approuver le contenu des émissions diffusées à la télé.

3. On ne devrait pas censurer le contenu des messages sur un réseau électronique.

4. On devrait supprimer le système par lequel on interdit certains films aux moins de treize ans.

5. Le gouvernement ne devrait pas donner de subventions aux expositions artistiques que certains groupes trouvent injurieuses.

D. Différences culturelles ? La publicité suivante a été tirée d'un magazine destiné à tout public. Identifiez le produit. Par quel(s) moyen(s) essaie-t-on de le vendre ? Quel est le rapport entre l'image et le produit ? Trouvez-vous cette publicité agressive ou pouvez-vous la défendre ? Est-ce qu'elle serait acceptable dans notre société ?

E. Le droit de qui ? La Constitution américaine garantit la liberté d'expression à l'individu. Pourtant, cette liberté choque parfois la moralité d'une partie importante de la communauté. Pour les situations suivantes, dites quel droit devrait primer : le droit de l'individu (sa préférence ou son goût personnel) ou le droit de la communauté (la moralité publique). Justifiez votre réponse.

1. Un musée expose des tableaux d'un artiste très connu; certains représentent des femmes nues. Le musée devrait-il fermer cette exposition en réponse aux protestations d'un groupe religieux ?

2. Une chaîne d'épiceries vend des magazines pour adultes. Un groupe de citoyens menace de boycotter cette chaîne si le gérant ne consent pas à cacher ces magazines derrière le comptoir. Que devrait faire le gérant ?

3. Pendant les émissions de dessins animés le samedi matin, on diffuse des publicités pour des céréales sucrées, des confiseries et des pistolets pour enfants. Un groupe de parents proteste et demande que ces publicités soient retirées. Quel droit est le plus fondamental : celui de l'annonceur publicitaire ou celui des parents ?

4. Un parti politique possède un panneau d'affichage contestant la présence des immigrés et l'influence des minorités dans la société. Une coalition de citoyens demande au conseil municipal qu'on supprime ce panneau. Quelle sera sa réponse ?

5. Un journaliste rapporte des faits présentant un groupe minoritaire de façon négative. Un représentant de ce groupe demande qu'on licencie ce journaliste. Quelle devrait être la réponse du patron de cette station de radio ?

A vous la parole

La bibliothèque municipale vient d'acquérir un livre contenant un chapitre sur l'euthanasie, que certains trouvent contraire à leurs croyances religieuses; ces gens exigent qu'on retire le livre de la collection. En réponse aux protestations, un groupe de citoyens se réunit pour en discuter. Dans ce groupe, il y a un étudiant en journalisme, qui croit ardemment à la liberté d'expression; un chef religieux qui croit au sacré de la vie et un citoyen qui n'a pas d'opinion, mais qui a été touché par la publicité et qui veut en savoir plus. Ce dernier posera des questions aux deux autres, qui expliqueront leur point de vue en essayant de le persuader qu'ils ont raison.

Etape 3

Les publicitaires emploient de nombreuses techniques pour séduire le public. Avant de lire l'article, regardez les réclames à la page 120 et à la page 122 et essayez d'identifier quelques-uns des éléments suivants.

Lexique

la banane	la marque
le choc	le public cible
le confort	le slogan
les experts	les vedettes (f.)/les stars (m.)
l'image (f.)	

Comment bien commencer sa journée:
Un jus de fruits des tropiques,
les premiers rayons du matin
et du coton américain.

Que c'est bon de voir le soleil se lever et de se glisser dans des sous-vêtements de coton bien frais. A part votre peau, rien n'est plus agréable.

Aux Etats-Unis, nous n'avons eu de cesse de travailler pendant des années pour obtenir le meilleur coton. D'où la création de variétés répondant chacune parfaitement à des besoins différents.

Vous avez le choix entre un coton délicieusement souple et chaud, ou sec et frais, résistant pour un usage intensif, ou doux comme le velours.

Mais ce sera toujours un coton de grand confort.

Quelle que soit la marque de ce que vous aurez choisi, vous saurez d'avance que vous vous y sentirez bien. A condition qu'y figure le Label Cotton USA.

LE COTON D'EXCELLENCE.

Préparation à la lecture

Exprimez-vous. Répondez aux questions suivantes.

1. Quels magazines est-ce que vous lisez ?

2. Quelles sortes de publicités trouve-t-on dans ces magazines ?

3. Quelles vedettes associez-vous avec quels produits ?

4. Pour quels produits s'appuie-t-on sur la crédibilité des experts ?

5. Qui emploie le choc pour vendre son produit ?

Discussion/Activités

A. Les faits. Parcourez le texte pour répondre aux questions suivantes.

1. Selon l'article, quelles sont quelques stratégies qu'emploient les publicitaires pour séduire le public ?

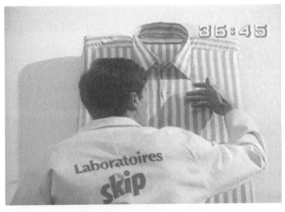

2. Quel est le titre de la deuxième partie de cet article ?

3. Quels sont les deux sens du mot « image » dans ce contexte ?

4. Quelles sont les marques des produits représentés dans cet article ?

5. Sous laquelle des quatre réclames représentées pourriez-vous trouver des informations sur les sujets suivants ?
   • Comment faire vendre la nourriture pour animaux.
   • Comment consolider le consommateur qui a déjà acheté votre produit.

6. Quels sont les slogans des produits représentés dans cet article ?

7. Une des publicités n'a pas de slogan. Qu'est-ce qui remplace le slogan pour séduire le public ?

B. Compréhension. Indiquez si les constatations suivantes sont vraies (V) on fausses (F).

_____ Les adolescents n'aiment pas le yaourt comme boisson.

_____ Il faut personnaliser la nourriture pour animaux pour la vendre.

_____ Il est facile de vendre la nourriture pour animaux.

C. Les emprunts. Dans les publicités vous trouverez plusieurs mots anglais. Ecrivez-les et proposez un synonyme français pour chacun.

Mot emprunté	Synonyme

Pourquoi les publicitaires ont-il employé ces mots étrangers dans leur réclame ? Fait-on la même chose aux Etats-Unis ?

D. La force de l'image. Votre professeur vous donnera une réclame dont la marque et le texte sont cachés. En petits groupes, essayez de deviner quelle sorte de produit on vend dans ces publicités. Comparez vos hypothèses avec celles des autres groupes. Expliquez votre raisonnement.

E. L'analyse. Maintenant, découvrez la marque et le slogan et faites l'analyse de cette publicité en vous appuyant sur la grille suivante.

Produit :
Marque :
Quel est le slogan ? Le slogan fait appel à quelle sorte de public ? A quels goûts/désirs ?
Décrivez l'image. Cette image fait appel à quelle technique ? Comment ?
Le message insidieux : complétez la phrase : *Selon cette publicité, si vous achetez ce produit,....*
Appréciation : Qu'est-ce que vous pensez de cette pub ? Est-elle efficace ? Pourquoi ou pourquoi pas ?

F. La concurrence. Proposez une meilleure publicité pour ce produit. Créez le texte, l'image, le slogan, etc.

N'oubliez pas d'ajouter les nouvelles expressions que vous avez apprises dans ce chapitre à votre lexique personnel.

Lexique personnel

Connaître, c'est comprendre ? vers la communication interculturelle

De plus en plus, le destin de notre pays est lié aux événements qui ont lieu dans d'autres parties du monde. Par conséquent, les questions politiques, économiques et sociales sont envisagées sur un plan global : droits de l'homme, commerce international, communication, écologie. Comprendre et surmonter les différences culturelles est devenu une nécessité pour la survie de notre société et de celle du monde. Comment arriver à la compréhension culturelle ? Parlons-en...

A. Interview avec Stéphanie C., Lyonnaise, étudiante de maîtrise à l'Université d'Oregon. Regardez les questions posées à Stéphanie. Puis, écoutez l'interview une fois en prenant des notes. Ecoutez encore une fois et répondez aux questions de l'exercice.

1. Qu'est-ce que c'est que la culture pour vous ?
   Notes :
   • Complétez : Pour moi, la culture, c'est tout ce qu'on _____ dans un pays, c'est-à-dire, on peut opposer culture et _____ , c'est souvent ce qu'on dit, c'est tout ce qu'un pays vous _____ par exemple.
   • Quels sont les deux exemples de différences culturelles qu'elle cite ?
   a.
   b.

2. Est-ce que la culture est uniforme ou existe-t-il des variations ?
   Notes :
   • Quelles sortes de culture est-ce que Stéphanie donne comme exemples ?

3. Quel est un stéréotype des Américains ?
   Notes :
   • Quels adjectifs Stéphanie utilise-t-elle pour caractériser les Américains ?
   • Quelles autres caractérisations évoque-t-elle ?

4. Est-ce que les stéréotypes sont toujours mauvais ? Est-ce qu'ils peuvent être utiles pour comprendre une culture ? Comment ?
   Notes :
   • Selon Stéphanie, on court quel risque en croyant trop aux stéréotypes ?
   • Quelle est l'utilité des stéréotypes ?

5. Face à une différence culturelle fondamentale qui va à l'encontre de vos convictions personnelles, quelle attitude devrait-on assumer, selon vous ?
   Notes :
   • Complétez : « Je crois qu'il faut _____ avant de _____ . »

6. Qu'est-ce qui vous a attirée vers la culture américaine ?
   Notes :
   • Nommez deux choses qui l'ont attirée vers la culture américaine.
   a.
   b.
   • Quels reproches est-ce qu'elle fait aux Français ?

7. Qu'est-ce que c'est que le choc culturel ?
   Notes :
   • Selon Stéphanie, quelle est la valeur du choc culturel ?
   • Comment est-ce qu'elle se caractérise par rapport à ses parents ?

Etape 1

Etre américain, qu'est-ce que cela veut dire ? Les Américains partagent-ils des choses communes ? Existe-t-il un Américain moyen ? Le vocabulaire suivant vous aidera à analyser ces questions.

Lexique

> le cas général ≠ le cas spécifique
> la culture nationale/régionale
> la généralisation = le stéréotype
> le groupe ≠ l'individu
> les idées reçues ≠ l'expérience vécue
> la norme ≠ l'exception
> la race/la religion/l'ethnie (*f.*)
> la tradition historique/ethnique/familiale/l'héritage
> typique = moyen
> la variété ≠ l'uniformité

Pour parler des caractéristiques de l'individu ou des caractéristiques du groupe, vous aurez besoin de ces expressions.

Outils

Pour décrire

L'Américain(e) moyen(ne), est-il/elle :

optimiste	ou	pessimiste ?
nationaliste		individualiste ?
accueillant(e)		xénophobe ?
chaleureux(-se)		distant(e) ?
idéaliste		pragmatique ?
sincère		hypocrite ?
altruiste		matérialiste ?

Pour comparer

Les Américains sont-ils {plus / aussi / moins} sincères que les Français ?

Les mots pour le dire

A. Associations. Quels mots associez-vous aux expressions suivantes ? Comparez vos réponses à celles de vos camarades de classe. Pouvez-vous en dégager des catégories plus générales ? Quelles attitudes ou jugements nouveaux en tirez-vous ?

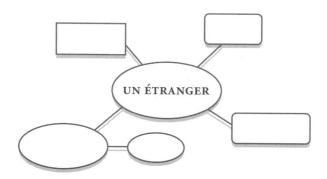

UN ÉTRANGER

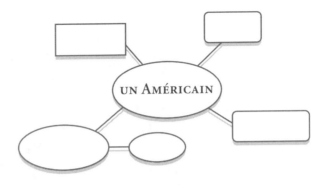

UN AMÉRICAIN

B. Synonymes. Pour chaque mot, trouvez un (des) synonyme(s) dans la liste ci-dessous.

chauvin	hospitalier	menteur	patriote
défaitiste	froid	non-conformiste	réservé

SYNONYME(S)

1. nationaliste   _____

2. hypocrite   _____

3. pessimiste   _____

4. individualiste   _____

5. accueillant   _____

6. distant   _____

C. Comparaisons. Comparez-vous à l'Américain « typique ». Choisissez d'abord l'adjectif qui répond le mieux au stéréotype. Ensuite, situez-vous par rapport à ce stéréotype.

> **MODELE :** Selon le stéréotype, l'Américain typique est (matérialiste) / altruiste.
>
> Je suis moins matérialiste que l'Américain typique.

1. L'Américain typique est nationaliste/individualiste.

2. L'Américain moyen est xénophobe/ouvert.

3. L'Américain typique est chaleureux/distant.

4. L'Américain moyen est optimiste/pessimiste.

D. Photos. Décrivez les personnes que vous voyez sur les photos. Quelle photo représente un Américain ? Quelle photo représente un Français ? Comment le savez-vous ?

E. Portrait familial. En groupes de deux, parlez un peu de votre famille et de ses origines. Quel(s) lien(s) y a-t-il entre l'origine ethnique et l'identité de l'individu ? Voici quelques questions qui pourraient servir de point de départ à votre discussion. Elaborez en ajoutant des observations et des exemples.

1. Quelle est l'origine ethnique de votre famille ?

2. Quand et pourquoi votre famille a-t-elle immigré vers ce pays ?

3. A quel point votre famille s'est-elle assimilée à la culture américaine : complètement, partiellement ou pas du tout ? Expliquez.

4. Vous intéressez-vous à la généalogie ? Connaissez-vous votre arbre généalogique ? Quelle est l'importance de ces connaissances ?

5. Selon vous, la conscience des origines influence-t-elle la perception/le comportement de l'individu ? Comment ?

F. Exprimez-vous. La culture : comment la définir ? Comment la comprendre ? Répondez aux questions suivantes en ajoutant autant de détails que possible.

1. Qu'est-ce que la culture pour vous ? La culture est-elle uniforme ou existe-t-il des variations ?

2. Quel est le portrait-type de l'Américain ? D'où vient-il ?

3. Les stéréotypes sont-ils toujours mauvais ? Peuvent-ils être utiles pour comprendre une culture ? Comment ?

4. Face à une différence culturelle fondamentale qui va à l'encontre des convictions personnelles, quelle attitude devrait-on adopter ? Faut-il l'accepter ? la condamner ? s'y adapter ?

5. Pourquoi la culture française vous a-t-elle séduit(e) ? Est-ce superficiellement ou en profondeur ? Cette manifestation culturelle vous intéresse-t-elle toujours ? A-t-elle la même importance ?

6. Qu'est-ce que c'est que le choc culturel ? Quelles en sont les manifestations ? les remèdes ?

Testez-vous

Voici le résultat d'un sondage sur les attitudes de la France envers les Etats-Unis. Analysez-le et puis, dites si les affirmations suivantes sont vraies ou fausses, en utilisant des statistiques pour justifier votre réponse.

ETATS-UNIS

3% des Français considèrent les Etats-Unis comme un ennemi de la France et 4% voient en eux une menace pour notre pays. (2)

6% des Français éprouvent de l'antipathie pour les U.S.A. (2)

25% des Français sont déjà allés aux Etats-Unis ou, du moins, connaissent des Américains venus en France. (12)

Pour 25% des Français, les Etats-Unis évoquent avant tout les inégalités, pour 27% le racisme et pour 28% la violence. (2)

A l'inverse, les U.S.A. sont symbole de liberté pour 30% des Français, de richesse (31%) et de dynamisme (32%). (2)

30% des Français, s'ils devaient quitter la France, choisiraient de vivre aux Etats-Unis. (12)

36% des Français estiment que les Américains se désintéressent de plus en plus de la défense militaire de l'Europe de l'Ouest. (7)

54% des Français éprouvent plutôt de la sympathie pour les Etats-Unis. (2)

Pour 56% des Français, les Etats-Unis évoquent avant tout la notion de puissance. (2)

58% des Français pensent que les Etats-Unis ne se préoccupent absolument pas de comprendre les problèmes de la France. (12)

65% des Français constatent que ce sont les Etats-Unis qui influencent le plus notre mode de vie. (12)

67% des Français regrettent que les U.S.A. aient tant d'influence sur nos programmes de télévision. (2)

80% des Français ont envie de voyager aux Etats-Unis. (12)

85% des Français sont incapables de citer l'année de la découverte de l'Amérique par Christophe Colomb. (12)

86% des Français estiment que l'on peut compter sur l'aide des Etats-Unis en cas de conflit. (12)

90% des Français qui ont été en vacances aux Etats-Unis comptent y retourner. (12)

1. La plupart des Français pensent que la culture américaine a trop d'influence sur leur mode de vie.

2. La plupart des Français pensent que les Américains sont trop préoccupés par leur propre pays.

3. Pour la grande majorité des Français, les Etats-Unis représentent le racisme et la violence.

4. Pour un pourcentage important des Français, les Etats-Unis seraient un allié en cas de besoin.

5. En somme, l'attitude des Français est plutôt favorable envers les Etats-Unis.

Maintenant, faites votre propre sondage pour déterminer l'attitude de vos camarades de classe/vos amis/votre famille envers la France. Ajoutez vos propres questions à celles posées dans le sondage ci-dessus. Analysez et présentez vos résultats aux autres.

A vous la parole

Un(e) Français(e) et un(e) Américain(e) parlent des différences culturelles qu'ils ont remarquées à l'occasion de leur(s) voyage(s).

- Le Français dit que les Américains sont trop naïfs et enfantins : ils sourient tout le temps et ne savent pas discuter des sujets sérieux. L'Américain répond que les Français sont trop critiques et se disputent tout le temps.

- Le Français dit que les Américains sont superficiels; l'Américain pense que les Français sont arrogants.

- Le Français pense que la culture américaine, c'est le coca, le fast-food et les blue-jeans; pour l'Américain, les Français sont trop snob et font preuve d'élitisme.

Par groupes de deux, jouez le rôle du Français et de l'Américain; chacun élaborera son point de vue en utilisant des exemples tout en répondant aux arguments de l'autre. A la fin de votre discussion, essayez de conclure avec les autres.

Etape 2

On dit que notre pays est « un pays d'immigrés » . Les immigrés, qu'ont-ils apporté à la formation du pays ? Leur assimilation est-elle souhaitable ? Ce vocabulaire sera utile pour notre discussion.

Lexique

acquérir une nationalité	l'identité (*f.*) ethnique
les actes (*m.*) juridiques/ administratifs	l'intégration (*f.*)
l'assimilation (*f.*)	la marginalisation/ se marginaliser
le/la citoyen(ne)	le mariage blanc
la citoyenneté	la mesure
le code de la nationalité	les mœurs (*f. pl.*)
les coutumes (*f.*) = les traditions (*f.*)	le pays d'origine
le fossé entre les générations	les questions (*f.*) linguistiques/ religieuses/familiales/culturelles

Vous avez déjà appris à exprimer votre opinion en utilisant des expressions comme « je crois » , « à mon avis », etc. (Voir le chapitre 9). Les mots suivants seront utiles pour nuancer votre point de vue.

Outils

Pour exprimer un point de vue

Pour exposer votre point de vue
Il est évident que...

Il va de soi que...
Le fait est que...
Inutile d'insister sur le fait que...

Pour renforcer votre point de vue
D'ailleurs...
D'autre part...
Du reste...

Pour exprimer des oppositions
Mais...   Toutefois...
Pourtant...   D'un autre côté...
Néanmoins...

Les mots pour le dire

A. Synonymes. Trouvez un synonyme pour les expressions en italique.

1. Les immigrants ne veulent pas se trouver *à l'écart de la société.*

2. Quelles *démarches* juridiques faut-il faire pour *devenir citoyen* ?

3. Très souvent, il y a *des points de vue différents* entre un père et son fils.

4. Selon cet *acte administratif,* l'enfant d'un immigré devient automatiquement citoyen américain.

5. Selon *les habitudes* de cette société, les femmes ont un rôle secondaire.

B. Que savez-vous déjà ? Répondez aux questions suivantes.

1. Que faut-il faire pour acquérir la nationalité française ? américaine ?

2. Y a-t-il un quota limitant l'immigration de certains pays aux Etats-Unis ? en France ?

3. Quelles différences trouve-t-on entre la première et la deuxième générations d'immigrants ? entre la deuxième et la troisième ? Quel groupe est le plus attaché à ses racines ? plus conservateur ? Lequel est intégré ?

4. Quels conflits pourrait-on trouver entre la culture majoritaire et celle des groupes ethniques divers ? Donnez des exemples.

C. Encore un sondage. En vous basant sur le sondage suivant et sur vos connaissances de la société française, parlez de la composition de sa population et du statut de l'immigrant. Comparez la situation en France à celle des Etats-Unis.

ETRANGERS
10% des Français ont du sang étranger dans leurs veines.
18% des Français pensent que leurs enfants auraient plus d'avenir à l'étranger.
20% de la population étrangère de France est arrivée dans notre pays depuis 1975.
22% des femmes étrangères travaillent dans les « services rendus aux particuliers » : domesticité, hôtellerie, etc.
25% des étrangers vivant en France parlent mal le français.
Pour 44% des Français, la présence des étrangers dans notre pays est perçue comme négative.
Mais elle est jugée positive aussi par 44%.
64% des Français trouvent que notre pays accueille plutôt bien les étrangers.
80% des étrangers vivant chez nous possèdent une carte de résident valable dix ans.

A vous la parole

Discutez la question suivante.

L'assimilation linguistique et collective des immigrés est-elle souhaitable ? Est-ce assurer un avenir économique ou supprimer l'identité du groupe en l'intégrant à la majorité ? Divisez la classe en groupes. Chaque groupe développera un argument défendant ou refusant l'intégration des immigrés, et le présentera aux autres, qui répondront. Voici quelques arguments possibles :

• Apprendre la langue et adopter les traditions d'un pays servent à unir les citoyens pour qu'ils puissent réaliser des projets communs.

• Les langues et traditions diverses enrichissent la société.

• Garder sa langue et sa culture, c'est se marginaliser.

• Une démocratie devrait répondre aux voix multiples de ses citoyens.

FRONT NATIONAL
LES FRANÇAIS D'ABORD !
avec
Jean-Marie LE PEN

Chers compatriotes,

Chômage, insécurité, immigration, pauvreté, impôts, "affaires"... Force est de constater qu'en France aujourd'hui rien ne va plus ! Ce constat dramatique, mais malheureusement bien réel, vous inquiète. Or, il y a des responsables à cet état de fait : ce sont des politiciens de gauche comme de droite qui depuis plus de vingt ans se sont révélés incapables de gouverner correctement notre pays. A juste raison, l'avenir vous apparaît angoissant. Pourtant, en politique, il n'y a pas de fatalité. A nous de prendre notre destin en mains. Si vous voulez que la France retrouve sa force et sa grandeur, si vous voulez que justice, honnêteté, éducation, bien-être, fraternité, soient des mots qui aient une réelle valeur, si vous voulez faire entendre la voix du bon sens et de la vérité, je vous invite le 21 mars à voter Front National pour la renaissance de la France.

Marcel de COSSE-BRISSAC

LE SOCIALISME , ÇA SUFFIT !

– 4,5 MILLIONS DE CHÔMEURS
– 4 MILLIONS DE DÉLITS ET DE CRIMES
– 7 MILLIONS D'IMMIGRÉS
– 500 000 SANS-ABRI !
– 500 000 SÉROPOSITIFS

ÉCOLOGISTES, ATTENTION DANGER !

Partout où les écologistes sont élus, ils veulent augmenter les impôts, encourager l'immigration et persécuter les automobilistes. Dans les régions, ils se vendent toujours au plus offrant : en Lorraine à l'UDF, dans le Nord au PS, en Île-de-France au RPR.

RPR-UDF, ILS VOUS TROMPENT !

ILS VOUS DISENT...	EN RÉALITÉ...
Qu'ils sont contre l'immigration.	Avec le PS et le PC, le RPR et l'UDF ont voté la carte de séjour de 10 ans renouvelable pour les immigrés.
Qu'ils vont réformer le Code de la Nationalité.	Ils l'avaient déjà promis en 1986, ils n'en ont rien fait.
Qu'ils vont rétablir la sécurité.	Les élus du RPR et de l'UDF se refusent encore aujourd'hui à rétablir la peine de mort.
Qu'ils vont sauver l'agriculture.	Le RPR et l'UDF ont approuvé la PAC 92 et ont dit OUI au Traité de Maastrich.

RPR-PS-UDF-PC : TOUS RESPONSABLES, TOUS COUPABLES !

D. Que pensez-vous ? Voici des événements qui sont survenus récemment en France ou aux Etats-Unis. Donnez votre point de vue, en nuançant votre expression avec les « outils » présentés à la page précédente.

1. Des étudiantes d'origine arabe ont réclamé le droit de porter le voile au collège, selon la tradition musulmane. Le principal s'y est opposé.

2. Un groupe religieux aux Etats-Unis pratique le sacrifice des animaux pendant leurs rites, malgré la protestation de leurs voisins protecteurs des droits des animaux. Selon vous, quel groupe devrait l'emporter ?

3. Dans certains communautés, on a voté une loi donnant à l'anglais le statut de langue officielle. Il sera désormais impossible de publier un document officiel dans une langue autre que l'anglais. Est-ce une injustice pour les citoyens de l'état qui ne parlent pas anglais ?

Etape 3

Bouger, changer, partir. Les Etats-Unis, c'est un pays de perpétuelle transhumance. Ses romanciers et ses cinéastes chantent les louanges de l'errance. Ce phénomène fascine, confond et charme les habitants des autres pays qui sont plutôt enracinés et sédentaires.

Lexique

le canyon	mobile/la mobilité
la caravane	le pavillon mobile
la devise	la prairie
enraciné(e)	se déplacer
les forêts (*f.*) pétrifiées	sédentaire

Préparation à la lecture

A. Exprimez-vous. Remplissez la grille ci-dessous pour voir si vous êtes plutôt mobile ou enraciné(e). Comparez vos réponses avec celles des autres.

	D'accord	Pas d'accord
Je ne vais pas demeurer ma vie entière dans la même ville.		
Je changerai de ville pour un meilleur emploi.		
J'aime voyager en caravane.		
Je ne resterais pas fidèle à une société qui m'emploie si je pouvais trouver mieux ailleurs.		
Pour moi, la route est un univers en soi.		
J'ai déjà traversé au moins trois états en voiture—pour le plaisir de le faire!		

B. Une publicité. Regardez la publicité pour *Thelma et Louise*, puis répondez aux questions suivantes.

1. Selon les critiques cité dans la publicité, *Thelma et Louise* est quel genre de film ? Connaissez-vous d'autres films de ce genre ? Comment ce genre de film se caractérise-t-il ?

2. Connaissez-vous des romans dans lesquels il s'agit de voyager sur la route ? sur mer ?

3. Faites le portrait d'un Américain qui traverse le pays en voiture. Qu'est-ce qu'il y a dans la voiture (musique, boissons, etc.) ? Qu'est-ce qu'il voit en roulant ?

Lecture

Sur la route

On the Road, sur la route... C'est le titre d'un livre célèbre de Jack Kerouac, ancêtre des beatniks américains, vagabond génial et irascible des années cinquante. Mais ce pourrait être—aussi— une devise américaine. Ou même l'expression lapidaire d'un des plus forts mythes fondateurs de l'Amérique. *On the Road, Go West, Easy Rider...* Les Français sédentaires, enracinés et routiniers que nous sommes tous, ont du mal à comprendre à quel point la société américaine s'est voulue mobile et vagabonde. Ici, depuis toujours, les villes elles-mêmes se déplacent au gré de l'Histoire et des besoins. C'est-à-dire qu'elles naissent et meurent comme des bivouacs provisoires. Tous les Etats de l'Union, ou presque, abritent aujourd'hui des dizaines de ces *ghost cities* (villes fantômes) qui témoignent de tel ou tel épisode de l'Histoire: ruée vers l'or, conquête de l'Ouest, exploitation d'une mine, construction d'un chemin de fer. Villes fantômes, décors de théâtre en plein désert avec des girouettes rouillées, d'anciennes églises ouvertes aux quatre vents et des *saloons* effondrés dans la pierraille...

Bouger, changer, partir... Peu d'Américains—excepté peut-être chez ces «snobs» de la côte Est— imaginent une seule seconde qu'ils demeureront leur vie entière dans la même ville. Ou le même métier. Ce pays gigantesque, aux horizons généreux, c'est celui d'une perpétuelle transhumance. On part en quête d'un meilleur job, ou d'un job tout court. On «refait» trois ou quatre fois sa vie en changeant d'Etat, de côte, ou de femme. Et les *home trailers,* ces maisons roulantes, mi-caravanes, mi-pavillons mobiles, qu'on voit s'agglutiner à la périphérie des villes, ne sont rien d'autre qu'une expression limite du destin national. Aux Etats-Unis, la mobilité géographique et professionnelle n'est pas, comme chez nous, un vœu pieux des économistes et des gouvernants hantés par le chômage. C'est un genre de vie. On comprendrait mal, à New York ou Chicago, qu'un salarié demeure fidèle à la société qui l'emploie s'il peut «trouver mieux ailleurs». Et trop de stabilité, que nous percevons plutôt comme une valeur positive, serait interprétée en Amérique comme un symptôme de ringardise. «Tire-toi, mec!»

De cette propension à l'errance, les grands romanciers fondateurs de la littérature américaine portent témoignage. Et pas seulement dans leurs romans, dans leur vie elle-même. Comme leurs héros, ils sont volontiers bourlingueurs. Depuis toujours... Thoreau courait se réfugier dans les bois, Emerson à Concord, Mark Twain naviguait sur le Mississippi. Quant aux grands auteurs de la «génération perdue» (Hemingway, Fitzgerald, Miller, Gertrude Stein...) c'est vers Paris et Montparnasse qu'ils cavalaient. Un peu plus tard, les Jack Kerouac, Allen Ginsberg, Ferlinghetti, etc., renouvelleront cette tradition en filant vers l'Ouest et la Californie. *"Go West, young man!"*

Prenez donc la route, vous aussi, au rythme lent des highways qui, sur des milliers de miles, relient l'Atlantique au Pacifique ou le lac Erié au golfe du Mexique. Vous découvrirez, quasi physiquement, cette évidence qui fait sans doute le charme de l'Amérique. La route n'y est pas seulement un moyen de communication. Elle est un univers «en soi», un «lieu» spécifique qu'on habite davantage qu'on ne l'emprunte. *On the Road...* Calé dans sa bagnole, FM à tue-tête, Coca-Cola à portée de la main droite, l'aiguille du compteur imperturbablement stabilisée sur 55 miles (environ 90 km/heure, vitesse limite autorisée), c'est-à-dire délicieusement *englobé* dans ce mouvement uniforme et engourdi, où personne ne double personne, et voilà que, des heures durant, toute l'Amérique défile. Irréelle et changeante, comme ces «transparences» qu'on utilise dans les studios d'Hollywood.

Où va-t-on? Ce n'est pas vraiment le plus important. On est «sur la route». Et d'ailleurs, cette hypothétique destination qui justifie le voyage, on dirait qu'elle recule sans cesse, qu'elle s'évanouit comme un mirage. Qu'est-ce qu'il y a plus loin, là-bas? Plus loin, il y a simplement un «ailleurs». C'est-à-dire rien. Et tout... On est surtout là, en somme, pour éprouver avec un bonheur épidermique l'immensité américaine qui est un cadeau spécifique, fait par la géographie à *chaque* citoyen libre. L'Amérique, ce pays vide où les plaines donnent le vertige, où les ciels sont plus grands. L'Amérique de la prairie sans fin, des canyons et des cailloux violets du Nouveau-Mexique, des pâturages indéfiniment recommencés de l'Oklahoma ou du

Texas, des somptueux déserts ou des «forêts pétrifiées» de l'Arizona... Quel Américain ne porte pas, dans un coin de son âme, cette certitude rassurante de l'espace qu'il s'agit, périodiquement, d'aller vérifier comme on s'assure de la permanence d'un trésor? *On the Road...* La mythologie est un peu simple, un peu fruste pour les Européens compliqués que nous sommes. Mais elle en vaut bien une autre. Et c'est sur elle que fut bâti ce pays.

Et puis la route, elle-même, a son propre décor, ses rites et ses routines apaisantes. Il y a les «Jack in the Box», les «Fried Chicken Kentucky» ou les «Mac Donald», ces «fast-food» posés de loin en loin sur l'autoroute. On y retrouve un décor immuable de bar chromé, de tables en bois vernis, de tabourets haut perchés et de babioles en étalage. Hamburgers dégoulinants de ketchup, bière en boîte ou Coca aux glaçons granités dans un gobelet en carton... Le repas est vite avalé. La climatisation est poussée à fond, la télé baragouine mais dehors, nom d'une pipe, le désert fume.

Cabu en Amérique, de J. C. Guillebaud, L. Joffrin, Cabu, coll. *L'Histoire immédiate,* © Editions du Seuil, 1990.

Discussion/Activités

A. Compréhension. Répondez aux questions suivantes en vous basant sur la lecture.

1. Quel est un des mythes américains les plus forts ?

2. Pourquoi trouve-t-on des *ghost towns* aux Etats-Unis ?

3. Quelle est la différence entre la façon de conduire aux Etats-Unis et en France ?

4. Quels aspects de l'Amérique frappent l'auteur ?

B. Généralisations. Quelles généralisations l'auteur fait-il à propos des Américains et de leur pays ? A-t-il raison ? Comment généralise-t-il les Français ?

C. Interview. Discutez des questions suivantes avec un(e) camarade. Selon vos réponses, pourriez-vous faire un long voyage en voiture ensemble ?

1. Quels états avez-vous déjà visités ? Quels états voulez-vous visiter en voiture ?

2. Quelle sorte de musique faut-il mettre en voyageant en voiture ?

3. Préférez-vous voyager seul(e) ou avec des amis ? Expliquez.

4. Qu'est-ce que vous mangez quand vous êtes sur la route ?

5. Est-ce que vous mangez et dormez différemment quand vous êtes sur la route ?

D. Comparaisons. Imaginez que vous prenez la route en France. Comment le voyage en voiture serait-il différent en France de celui aux Etats-Unis ? Considérez les points suivants.

- la signalisation routière
- la limite de vitesse
- la voiture que vous choisiriez
- la route
- les restaurants
- le paysage
- les bâtiments

N'oubliez pas d'ajouter les nouvelles expressions que vous avez apprises dans ce chapitre à votre lexique personnel.

Lexique personnel

_____   _____

_____   _____

_____   _____

_____   _____

_____   _____

_____   _____

accent accent *m.*

acheteur buyer *m.*

acquérir to acquire

acte act *m.*

acteur(trice) actor/actress *m./f.*

actualité news *f.*

acuponcture acupuncture *f.*

administratif(-ve) administrative

ado adolescent *m./f.*

adolescence adolescence *f.*

adolescent(e) adolescent

adorer to adore

africain(e) African

âgé(e) old

agir de, s'agir to be about

agité(e) excited, agitated

agiter to excite, agitate

aimer to like

air air, manner *m.*

aisé(e) easy, wealthy

à la fin finally

algérien(ne) Algerian

alimentaire relating to food

aller to go

alpinisme downhill skiing *m.*

alternatif(-ve) alternative

améliorer to improve

amendement amendment *m.*

à mesure que all the while

amuser to amuse

angoisse anguish *f.*

angoissé(e) anguished

antipathique unpleasant

anxiété anxiety *f.*

apologie apology, justification *f.*

approfondir to deepen

a priori preconception *m.*

aquarelle watercolor *f.*

argent money *m.*

argot argot, slang *m.*

arme weapon *f.*

arriver to happen, occur

art art *m.*

artiste artist *m./f.*

artistique artistic

assimilation assimilation *f.*

assurance insurance *f.*

astronaute astronaut *m.*

atroce awful

attitude attitude *f.*

avance advance *f.*

avantage advantage *m.*

avantages sociaux benefits *m.pl.*

avare stingy, greedy

avenir future *m.*

aventure adventure *f.*

avis opinion *m.*

avocat/avocate lawyer *m./f.*

avoir raison to be right

avoir sommeil to be sleepy

avoir tort to be wrong

avoir un entretien to have an interview

bac baccalauréat (familiar) *m.*

baccalauréat diploma awarded at the end of lycée studies *m.*

ballet ballet *m.*

banane slogan *f.*

banlieusards suburbanites *m./f.*

banque de données data bank *f.*

basané(e) swarthy (may be used pejoratively)

basketball basketball *m.*

BCBG preppy

belgicisme form used in Belgium *m.*

bénéfice benefit *m.*

bénéfique beneficial

bien well

bienveillant(e) showing goodwill

bizarre weird

blondinet(te) blond youth *m./f.*

bonheur happiness *m.*

borné(e) limited, close-minded

bouleversé(e) upset, surprised

bousculer (quelqu'un) to shove

brouiller; brouiller les cartes to confuse the issue; to shuffle the cards

but goal *m.*

cadre executive *m.*

calé(e) talented

camerounais(e) Camerounian

campagne country, rural area *f.*

campagne publicitaire publicity campaign *f.*

camping camping *m.*

canadianisme form used in Canada *m.*

canyon canyon *m.*

caractère character *m.*

caravane camper *f.*

carnet du jour section of newspaper listing daily events *m.*

cas case *m.*

cassette vidéo video cassette *f.*

catastrophe catastrophe *f.*

cauchemar nightmare *m.*

cauchemarder to have a nightmare

cauchemardesque nightmarish

causer to cause

censure censure *f.*

censurer to censor

C.E.S. junior high school (approximate equivalent) *m.*

chanson song *f.*

chant singing *m.*

chanteur(-euse) singer *m./f.*

chef chief, boss *m.*

chercheur(-euse) researcher *m.*

chirurgical(e) surgical

choc shock *m.*

chômage unemployment *m.*

cible target *f.*

cibler to target

cinéaste filmmaker *m./f.*

cinématographie cinematography *f.*

citoyen(-ne) citizen *m./f.*

citoyenneté citizenship *f.*

clarinette clarinet *f.*

classe class *f.*

classicisme classicism *m.*

clip music video *m.*

code de nationalité code of nationality *m.*

colère anger *f.*

coller to stick

colonisation colonization *f.*

comédie (de mœurs) comedy (of manners) *f.*

communauté community *f.*

compagnon/compagne partner, "significant other" *m./f.*

comportement behavior *m.*

compréhensible comprehensible

compréhensif(-ve) understanding

comptable accountant *m./f.*

concerner to concern

concert concert *m.*

concerto concerto *m.*

conçu(e) conceived

confiance confidence *f.*

conflit conflict *m.*

confort comfort *m.*

confrère buddy *m.*

consacrer (son temps à) to devote (one's time to)

conseillé(e) advised, advisable

conseiller to advise

conservateur(-trice) conservative

conservation conservation, saving *f.*

conserver to conserve, save *f.*

consommateur(-trice) consumer *m./f.*

Constitution Constitution *f.*

conte story *m.*

conteur storyteller *m.*

conventionnel(le) conventional

copain/copine male friend; boyfriend/female friend; girlfriend *m./f.*

costume suit, costume *m.*

se coucher to go to bed

couramment fluently

courrier électronique electronic mail *m.*

cours course *m.*

coutume custom *f.*

créativité creativity *f.*

créole creole *m.*

crime crime *m.*

croire to believe

culture culture *f.*

culturel(le) cultural

cure therapy *f.*

cursus syllabus *m.*

CV curriculum vitæ

d'abord first of all

d'ailleurs besides

danse dance *f.*

danse aérobic aerobic dance *f.*

danseur(-euse) dancer *m./f.*

d'autre part moreover, on the other hand

début beginning *m.*

déception disappointment *f.*

déchets trash *m.pl.*

déconseillé(e) ill-advised

déconseiller to advise against

découragé(e) discouraged

décourager to discourage

défaitisme defeatism *m.*

de l'autre côté on the other hand

démuni(e) lacking

dénouement outcome *m.*

dentaire dental

dépistage testing (for an illness) *m.*

se déplacer to move

dépression depression *f.*

déprimé(e) depressed

déprimer to depress

dérouler to unfold

désarroi disarray *m.*

désirable desirable

détester to detest

développer to develop

devise motto *f.*

devoir duty *m.*

devoir to have to

dialecte dialect *m.*

diglossie use of a particular language depending on social circumstances *f.*

digne worthy *m./f.*

diplomate diplomatic

diplôme diploma *m.*

direction management *f.*

dissimuler to hide

dissipée(e) out of control

dissiper to dissipate, to go out of control

se dissoudre to dissolve

distinguer to distinguish

distraction entertainment, distraction *f.*

distraire to entertain, distract

doctorat doctorate *m.*

documentaire documentary *m.*

dormeur sleeper *m.*

dormir to sleep

doué(e) talented

dramaturge playwright *m.*

drame drama *m.*

droit   right   *m.*
du reste   besides

eau; a l'eau de rose   water/sentimental   *f.*
échappatoire   escape   *f.*
échapper   to escape
échouer   to fail
école   school   *f.*
écologie   ecology   *f.*
écologue   ecologist   *m./f.*
écrivain/femme écrivain   writer   *m./f.*
éditorial   editorial   *m.*
effet   effect   *m.*
effet de serre   greenhouse effect   *m.*
effet spécial   special effect   *m.*
efficace   efficient
élevé(e)   raised
embaucher   to hire
embêtant(e)   annoying
émeute   riot   *f.*
émission   broadcast   *f.*
empirer   to get worse
emploi   job   *m.*
emploi à plein temps   full-time job
employé(e) de banque   bank teller   *m./f.*
emprunt   borrowing   *m.*
en bon(ne) et dû/due   in due form
encourager   to encourage
s'endormir   to fall asleep
enfance   childhood   *f.*
enfant   child   *m./f.*
engagé   committed; involved
engager   to hire
ennuyeux(-euse)   boring
énormément   enormously
enraciné(e)   rooted
ensuite   next
entretien   interview, talk, conversation   *m.*
environnement   environment   *m.*
époque   epoch, period of time   *f.*
épreuve   test   *f.*
équilibré(e)   balanced
espace   space   *m.*
esprit   mind, spirit, wit   *m.*
essentiel(le)   essential
ethnie   ethnic group   *f.*
ethnique   ethnic
étiquette   label   *f.*
étranger(-ère)   stranger; foreigner   *m./f.*
être; être au chômage   to be; to be unemployed
être bien/mal élevé   to be well/poorly raised
être calé en   to be talented in
être doué(e) en   to be talented in
être en bonne/mauvaise forme   to be in good/bad
   shape
être reçu(e) (à)   to pass (a course, exam)
étude   study   *f.*
examen   exam   *m.*
exception   exception

exercer   to practice   *f.*
exercice   exercise   *m.*
existentialisme   existentialism   *m.*
expérience   experience, experiment   *f.*
expérience vécue   real-life experience   *f.*
expert(e)   expert   *m./f.*
expertise   expertise   *f.*
expression   expression   *f.*
exprimer   to express

facho   fascist
façon de parler   way of speaking   *f.*
facteur   factor; letter carrier   *m.*
facultatif(-ve)   optional
faire ses études   to go to school
faire un cadeau   to give a present
faire une demande d'emploi   to apply for a job
faire une dépression   to be depressed
faire un rêve   to have a dream
fait: le fait est que   the fact is that
falloir   to be necessary
familial(-e)   relating to the family
fatigue   fatigue   *f.*
faute   mistake   *f.*
favoriser   to favor
fermé(e)   closed
festival   festival   *m.*
fillette   young girl   *f.*
film   film   *m.*
film policier   detective film   *m.*
finalement   finally
flûte   flute   *f.*
folklorique   folk
fonctionnaire   bureaucrat   *m./f.*
fondamental(e)   fundamental
forêt   forest   *f.*
fossé entre générations   generation gap   *m.*
fou rire   loud laughter   *m.*
francophonie   groups united by the French
   language   *f.*

gaffe   error, gaffe
garantie   guarantee   *f.*
gaspillage   waste   *m.*
gaspiller   to waste
général(e)   general
généralisation   generalization   *f.*
généreux(-euse)   generous
génial(e)   ingenious
genre   genre, type   *m.*
gens de couleur   people of color   *m.pl.*
gérant(e)   manager   *m./f.*
gothique   gothic, "goth"
goût   taste   *m.*
grammaire   grammar   *f.*
grandir   to grow up
gros(se)   big, fat
gros titres   headlines   *m.pl.*
groupe   group   *m.*

groupe de pression   lobby, pressure group   *m.*
guérison   cure   *f.*
gymnastique   gymnastics   *f.*
gynécocentrique   woman-centered

habillement   dress   *m.*
habitude   habit   *f.*
haine   hatred   *f.*
haïr   to hate
helvétisme   form used in Switzerland   *m.*
héréditaire   hereditary
héritage   heritage, legacy   *m.*
heureux(-se)   happy
homéopathie   homeopathy   *f.*
honnêteté   honesty   *f.*
horreur   horror   *f.*
hurler contre les loups   to go against the group
hydrocarbures   hydrocarbons   *m.pl.*
hypothèse   hypothesis   *f.*

idées reçues   stereotypes, conventions   *f.pl.*
identité   identity   *f.*
il faut   *see* falloir
il va de soi que   it goes without saying
image   picture, image   *f.*
immersion   immersion   *f.*
immunitaire   immune
impact   impact   *m.*
important(e)   large, important
impressionnisme   impressionism   *m.*
inciter   to incite
incohérent(e)   incoherent
incompréhensible   incomprehensible
inconscience   unconscious   *f.*
inconscient(-e)   unconscious
inconvénient   disadvantage   *m.*
individu   individual   *m.*
indocile   unruly
indocilité   disobedience   *f.*
inefficace   inefficient, ineffective
influence   influence   *f.*
influencer   to influence
influer sur   to have an influence on
informaticien(ne)   computer scientist   *m./f.*
informatique   computer science   *f.*
informel(le)   informal
inintelligible   unintelligible
innovateur(-trice)   innovative
inscrire (s') à, dans   to register (in a course)
insister   to insist
insomnie   insomnia   *f.*
instituteur(-trice)   grade-school teacher   *m./f.*
instruire   to instruct
intégration   integration   *f.*
intégriste   fundamentaliste   *m./f.*
intensif(-ve)   intensive
intérêt   interest   *m.*
international(e)   international
internaute   Internet user   *m./f.*

interpréter   to interpret
intervenir   to intervene, operate
intrigue   plot   *f.*
inutile   useless
irrationnel(-le)   irrational
irréalisable   unrealiszable, impossible
Ivoirien(ne)   inhabitant of the Ivory Coast

jargon   jargon   *m.*
job   temporary job   *m.*
jogging   jogging   *m.*
jouer d'un instrument   to play an instrument
jour de paie   payday   *m.*
journal   newspaper   *m.*
jugement   judgment   *m.*
juridique   judicial

lâche   cowardly
lancement   launching, throwing, tossing   *m.*
lancer   to launch
langage   variety of a language   *m.*
langage corporel   body language   *m.*
langue   language   *f.*
langue maternelle   native language   *f.*
leçon   lesson   *f.*
léger(-ère)   light, slight
légèrement   slightly
se lever   to get up
liberté   liberty, freedom   *f.*
liberté d'expression   freedom of expression   *f.*
licence   approximate equivalent of bachelor's degree   *f.*
licencier   to fire
lien   link   *m.*
ligne; en ligne   line; on line
limiter   to limit
linguistique   linguistic
littérature   literature   *f.*
logiciel   software   *m.*
logique   logic   *f.*
loisir   leisure, leisure time   *m.*
lourd(e)   heavy
lycée   lycée   *m.*

Maghrébin(e)   inhabitant of North Africa   *m./f.*
magnifique   magnificent
mais   but
maîtrise   mastery, approximate equivalent of master's degree   *f.*
majoritaire   majority
majorité   majority   *f.*
mal   poorly
mal   evil   *m.*
malade   sick
malade   patient   *m./f.*
maladie   illness   *f.*
malheureux(-se)   unfortunate
manichéen   Manichean; seeing the world as black and white

manifestant demonstrator *m.*

mannequin model *m.*

marche à pied walking *f.*

marginalisation marginalization *f.*

se marginaliser to marginalize oneself

mariage blanc unconsummated marriage *m.*

marocain(e) Moroccan

marque brand *f.*

matérialisme materialism *m.*

matière subject matter *f.*

mec guy; boyfriend *m.*

mécanique mechanical

médecin/femme médecin doctor *m./f.*

médecine non-conventionnelle nontraditional medicine *f.*

média/médium (pl. médias) medium, media *m.*

médical(-e) medical

médicament medication *m.*

médiocre mediocre

mel e-mail *m.*

mémoire paper *m.*

mener une existence to have/lead an existence

mesure measure *f.*

méthodologie methodology *f.*

se mettre en colère to become angry

mettre en réserve to put in reserve

mettre quelqu'un à la porte to fire

mettre son grain de sel to stick one's oar in; to make one's point

minime minimal

minoritaire minority

minorité minority *f.*

mise en scène staging *f.*

mi-temps part-time

mobile motive *m.*

mobilité mobility *f.*

modèle model *m.*

moderne modern

modeste modest

mœurs manners, mores *f.*

mondial(e) world

moral morale *m.*

morales morals *f.pl.*

moralité morality *f.*

se morceler to parcel out

mot word *m.*

moyen means *m.*

moyen(-ne) middle, average

Moyen Age Middle Ages *m.*

moyenne average *f.*

musculation weight lifting *f.*

musicien(ne) musician *m./f.*

musique music *f.*

nana girl; girlfriend

natation swimming *f.*

national(e) national

nationalité nationality *f.*

navet flop *m.*

navette shuttle *f.*

néanmoins nevertheless

néfaste harmful

négligeable negligible

neutre neuter

nocif(ve) harmful

normal(e) normal

norme norm *f.*

note grade *f.*

numérique digital

objectif goal *m.*

obligatoire required

obtenir to obtain

occasionner to occasion, bring about

occuper; s'occuper de ses oignons to occupy; to mind one's own business

opéra opera *m.*

opération operation *f.*

opinion opinion *f.*

optimiste optimistic

oraison funèbre funeral prayer *f.*

oral(e) oral

ordinateur computer *m.*

ouvert(e) open; open-minded *m./f.*

ouvrier(-ière) worker *m./f.*

ouvrier(ère) working

ozone ozone *m.*

ozonosphère ozone layer *f.*

page d'accueil home page *f.*

parler to speak

partenaire partner *m./f.*

particule particle *f.*

particulier(ère) particular

se passer to happen

passer un examen to take an exam

passionant(-e) absorbing

patienter to wait

patois patois *m.*

patron(ne) boss *m./f.*

pauvre poor

pavillon mobile mobile home *m.*

payé(e) paid

pays d'origine country of origin *m.*

PDG (président directeur général) CEO *m.*

Peintre painter *m./f.*

Penser to think

percer; se faire percer to pierce; to get pierced

perdre to lose

période period *f.*

personnage character *m.*

perte loss *f.*

perturber to disturb

pessimiste pessimistic

petit ami/petite amie boyfriend, girlfriend *m./f.*

petites annonces classified ads *f.pl.*

pétrifié(e) petrified

physicien(-ne) physicist *m./f.*

piano piano *m.*

pièce   play, room   *f.*
piercing   piercing   *m.*
plaire   to please
poème   poem   *m.*
poésie   poetry   *f.*
poète/poétesse   poet   *m./f.*
politique   policy   *f.*
polluant   pollutant   *m.*
polluer   to pollute
pollution   pollution   *f.*
pornographie   pornography   *f.*
post-modernisme   postmodernism   *m.*
postuler un emploi   to apply for a job
poupée   doll   *f.*
poupée-poupon   baby doll   *f.*
pourtant   however
prairie   prairie   *f.*
prendre soin de   to take care of
préparer un examen   to study for an exam
presse   press   *f.*
pression   pression   *f.*
primaire   primary
problématique   problematic, doubtful   *f.*
problème   problem   *m.*
prodige   prodigious
produire   to produce
produit   product   *m.*
professeur   teacher   *m.*
profondément   profoundly
projectile   missile, projectile   *m.*
prometteur   promising
protagoniste   protagonist   *m./f.*
protection   protection   *f.*
protéger   to protect
protéine   protein   *f.*
provoquer   to provoke, cause
prudent(e)   prudent
psychologique   psychological
psychosomatique   psychosomatic
pub   commercial   *f.*
public   public   *m.*
public cible   targeted public   *m.*
publicitaire   advertising
publicité   publicity, advertising   *f.*
puis   then
punir   to punish
punition   punishment   *f.*

quantique   quantum
quelconque   any
question   question   *f.*

race   race   *f.*
racisme   racisme   *m.*
raconter   to tell
radio   radio   *f.*
raison   reason   *f.*
rame   metro line   *f.*
randonnée   hike   *f.*

rattrapage   catch up   *m.*
réaction   reaction   *f.*
réalisable   doable
réalisateur(-trice)   director   *m./f.*
réalisation   direction   *f.*
réalité virtuelle   virtual reality   *f.*
récital   recital   *m.*
récompensé(e)   compensated
recyclage   recycling   *m.*
rédiger   to compose
redoubler   to repeat (a course)
redoutable   fearful
régime   diet   *m.*
régional(e)   regional
registre   register, style of speech   *m.*
relation   relation   *f.*
relaxation   relaxation   *f.*
religieux(se)   religious
religion   religion   *f.*
rembourser   to reimburse
remonter   to boost
remporter de l'argent   to bring in money
Renaissance   Renaissance   *f.*
rendre   to return
renvoyer   to fire, send back
répétition   rehearsal, repetition   *f.*
réseau   network   *m.*
responsabilité   responsibility   *f.*
ressentir   to feel
réussir   to succeed, pass
rêvasser   to daydream
rêve   to dream
se réveiller   to wake up
rigide   rigid
rire   laughter   *m.*
robot   robot   *m.*
roman   novel   *m.*
romancier(ere)   novelist
romanesque   Romanesque
romantisme   Romanticism   *m.*
rupture   rupture, breakup   *f.*

sagesse   wisdom   *f.*
sain(e)   sane, healthy
salaire   salary   *m.*
salutaire   healthy
satisfaction   satisfaction   *f.*
scénario   scenario; script   *m.*
scène   scene, stage   *f.*
scepticisme   skepticism   *m.*
science-fiction   science fiction   *f.*
scientifique   scientist   *m./f.*
scolarité   school attendance   *f.*
secrétaire   secretary   *m./f.*
secrétaire de direction   executive secretary   *m./f.*
sédentaire   sedentary
sembler   to seem
sénégalais(e)   Senegalese
sénégalisme   form used in Senegal

sensation feeling, sensation *f.*
sensé(e) sensible
se sentir to feel
serveur/serveuse waiter/waitress *m./f.*
servir de to serve as
seul(e) alone, lonely
sexuellement transmis sexually transmitted
siècle century *m.*
signifier to mean
simulation simulation, role play *f.*
slogan slogan *m.*
social(e) social
soigner to care for
solitaire solitary
sommeiller to doze
soudain suddenly
souhaitable desirable
soutenu dignified, lofty
spatial(e) relating to space
spécialisation major, specialization *f.*
se spécialiser en to major, specialize in
spécialiste major, specialist *m./f.*
spécifique specific
splendide splendid
spot commercial *m.*
stable stable
star star *f.*
stéréotype stereotype *m.*
stress stress *m.*
structure structure *f.*
style style *m.*
style de vie lifestyle *m.*
succès success *m.*
succès de scandale acclaim caused by scandal *m.*
sueur sweat *f.*
super great
surdoué(e) gifted
surmenage overwork *m.*
surpeuplement overpopulation *m.*
surréalisme surrealism *m.*
susciter to provoke
suspense suspense *f.*
sympathique nice
symphonie symphony *f.*
symptôme symptom *m.*
syntaxe syntax *f.*
système immunitaire immune system *m.*

tabasser to rough up
tableau painting; table *m.*
se taire to be quiet
tatouage tattoo *m.*
tatouer; se faire tatouer to get tattooed
taux de naissance birthrate *m.*
technicien(ne) technician *m./f.*
technologie technology *f.*
technologique technological

télé TV *f.*
télécharger to download
télécopieur fax machine *m.*
se téléporter to transport simultaneously
terminer to end
théâtre theater *m.*
tirer un bénéfice to gain
toile painting *f.*
tort wrong *m.*
tourner (un film) to produce
tout d'un coup suddenly
toutefois all the same
tradition tradition *f.*
traditionnel(le) tradition
trait characteristic *m.*
traitement treatment *m.*
traitement de texte word processing *m.*
transmissible transmissible
tristesse sadness *f.*
tropical(e) tropical
trouver to find
tu past participle of **taire**
tunisien(ne) Tunisian
typique typical

uniformité uniformity *f.*
universel(le) universal
universitaire related to university
université university *f.*

valeur value *f.*
variété variety *f.*
vedette star *f.*
vendeur(-euse) store clerk *m./f.*
vendre to sell
verlan type of French slang
vert(e) "Green," ecologist
vexer to annoy
vidéo video *f.*
violence violence *f.*
violon violin *m.*
violoncelle cello *m.*
virer to fire (familiar)
virtuel virtual
vitamine vitamin *f.*
vocabulaire vocabulary *m.*
voix off voiceover *f.*
vouloir dire to mean
vulgaire vulgar

western western (film) *m.*

xénophobie xenophobia, fear of foreigners *f.*

zaïrois(e) Zairian
zonard(e) inhabitant of the working-class suburbs of Paris *m./f.*

Credits

PHOTO CREDITS